CW01512740

Le petit livre
de la tchatche
Décodeur de
l'argot des cités

Vincent Mongaillard

FIRST
Éditions

ISBN : 978-2-7540-5162-0
Dépôt légal : mai 2013
Imprimé en Italie

Direction éditoriale : Marie-Anne Jost-Kotik
Édition : Laury-Anne Frut
Correction : Christine Cameau
Mise en page et couverture : Olivier Frenot

Éditions First-Gründ
60, rue Mazarine
75006 Paris
Tél. 01 45 49 60 00
Fax 01 45 49 60 01
E-mail : firstinfo@efirst.com
Site internet : www.editionsfirst.fr

Introduction

Dites-moi, « ma couillasse », « ma gueule », « mon poto », cher ami si vous préférez, vous permettez un peu, même beaucoup de familiarité d'entrée de jeu ? Si je vous traite de « schlag », de « geusch » ou de « fonblard », vous vous demandez de quels noms d'oiseaux il s'agit. Mais si je vous dis que c'est exactement la même chose que « bouffon », là, vous êtes immédiatement fixé, vous vous sentez insulté et vous avez raison. Tout le monde, ou presque, grâce aux drôles de pouvoirs des Guignols de l'info, connaît le « fou du roi » revu et corrigé par les « lascars » – surnom des jeunes des quartiers populaires – qui l'ont transformé en un « gros blaireau ». Mais qui, à part eux, a déjà entendu ses synonymes énoncés plus haut ? C'est que la « tchatche » de la banlieue a de sacrées réserves. Tant mieux : nous avons puisé dans ces trésors cachés pour vous faire découvrir les dernières pépites de la rue, celles qui vous permettront de devenir (presque) bilingue français-« wesh-wesh ».

La langue des cités d'aujourd'hui se distingue par ses influences multiples, par sa diversité, à l'instar de celle qui caractérise ses locuteurs « black-blanc-beur ». C'est un mélange épicé d'argot classique de malfaiteurs, d'emprunts à l'arabe maghrébin ou aux dialectes africains comme au vocabulaire des gitans ou des rappeurs américains. Mais ce sont aussi et surtout des mots et expressions créés de toutes pièces ou tordus dans tous les sens par les enfants de la dalle eux-mêmes. De pures inventions riches en métaphores, en adjectifs dont les syllabes ont été charcutées ou répétées, en noms à l'envers comme les casquettes, vous voyez? Ces exclusivités des zones urbaines, sensibles ou non, s'échangent dans les cages d'escaliers, les collèges en ZEP, les rames bondées de RER ou les MJC aux portes grandes ouvertes. La propagation change encore d'échelle quand les réseaux sociaux et les rappeurs-prescripteurs s'en emparent. À l'inverse, elles peuvent faire un bide et tomber dans l'oubli du jour au lendemain.

Il existe un répertoire commun de mots partagé par les forces vives du « 9-3 », des quartiers nord de Marseille ou du Val-Fourré à Mantes-la-Jolie. Mais il y a aussi des spécificités lexicales propres à chaque ville, à chaque cité, parfois même à chaque bâtiment, voire à chaque bande de potes. Ainsi, un terme valide sur un territoire peut devenir du « chinois » dans celui d'en face.

Difficile de trouver plus abondant et varié que le « bagout de la zone ». Plus mystérieux aussi. Car, pour tout vous avouer, beaucoup de termes demeurent, sur le plan étymologique, une énigme pour nous malgré nos enquêtes sur le terrain. C'est également le « parler contemporain » qui évolue le plus rapidement. Il est condamné à innover sans cesse pour détenir toujours un mot, ou plutôt un code secret, d'avance sur les « poursuivants » : le proviseur, les « darons » (les parents), les « joibours des pavtars » (les bourgeois des pavillons) ou les « chtars » (les policiers). Dès que les « tchatcheurs » s'aperçoivent que leurs inventions ont été déchiffrées par le plus grand nombre, ils les renient brutalement, se grattent la tête et en imaginent d'autres. Ils veulent à tout prix rester maîtres du jeu, maîtres de leur destin linguistique. Et continuer ainsi à se démarquer.

Que de nouveautés en quarante ans, depuis que, *grosso modo*, cet argot des Temps modernes a vu le jour au moment de l'urbanisation massive en banlieue et la naissance des grands ensembles de tours de Babel. Dans les années 1970, il s'appuyait sur la gouaille des prolétaires et les mots du « bled » employés par des populations d'immigrés en quête de repères. Le vocabulaire s'est étoffé au milieu de la décennie suivante, parallèlement à l'émergence du mouvement hip-hop en provenance des États-Unis. À l'image de la *breakdance*, des graffitis, du rap et du *streetwear* (la mode vestimentaire de la rue), les vocables des périphéries sont un signe d'appartenance au groupe. Un moyen de communiquer avec ses pairs. Mais aussi une façon d'affirmer son identité, d'exister pour cette jeunesse qui a l'amère impression d'être marginalisée.

Par une syntaxe qui claque et des mots chocs à la limite de la provoc', les « zyvas » (verlan de « vas-y », surnom donné aux jeunes des cités) expriment leur opposition, leur malaise, pour ne pas dire leur rage, leur haine. Et ils sont entendus puisqu'une partie de leur jargon leur échappe pour intégrer le langage courant et les dictionnaires. En 1985, le nom « Beur », verlan traficoté de « Arabe », est le premier à décrocher les honneurs en intégrant le pavé officiel des mots de la langue française. Depuis, une place a été faite à « kiffer » (aimer), « keuf » (flic), « ouf » (fou), notre fameux « bouffon » et même « Rebeu », verlan de… « Beur » !

De par son exotisme, sa fraîcheur, son humour, la logorrhée des barres HLM fait causer. Elle amuse, intrigue, fascine même. Mais elle inquiète aussi. À juste titre. Certains mots, révélateurs de maux, sont extrêmement violents et injurieux dès qu'ils ciblent les forces de l'ordre ou le camarade de classe, le voisin, la bande d'à côté que l'on rejette. Ils sont généralement humiliants quand, conçus par des garçons dominateurs, ils s'adressent à des filles considérées comme des objets sexuels. L'argot du « ter-ter » – comprenez des quartiers – peut également être un facteur d'exclusion supplémentaire si son usager en oublie le français correct, s'enfermant alors dans un ghetto verbal qui limite les contacts avec l'extérieur. D'autant qu'il s'accompagne parfois d'un accent « racaille » au phrasé saccadé, marqueur social lui aussi. Le danger, menaçant tous les prisonniers d'un lexique, c'est le repli sur soi. Pour autant, au-delà de ses dérives et des risques d'aggravation de la fracture linguistique, la « tchatche des faubourgs » a de beaux jours devant elle. Et il faut s'en féliciter : non, globalement, elle n'appauvrit pas notre bonne vieille langue de Molière comme peuvent s'en alarmer certains puristes, bien au contraire, elle l'enrichit et la rend plus vivante que jamais ! Des dizaines de mots des révoltés des cités ont d'ores et déjà franchi le périph' des grandes métropoles, conquis les villes puis les campagnes. À l'avenir, il y en aura d'autres, c'est certain. Pour l'heure, ils patientent sagement dans ce guide-décodeur destiné à vous orienter dans la jungle des locutions du béton. Nous, au risque de nous tromper et de nous « taper la hchouma », autrement dit la honte, misons sur le plébiscite prochain de « seum » (la colère), « swag » (le style), « lovés » (l'argent), « s'enjailler » (se faire plaisir) et « au calme » (relax). Et vous ?

LES MOTS
DU VERLAN

•

En matière de verlan, cet argot qui consiste à inverser les syllabes, les cités sont désormais contraintes de se renouveler. Car, depuis deux bonnes décennies, une multitude de mots à l'envers sont sortis des cages d'escaliers pour entrer dans le langage courant. Ainsi, le grand public a découvert « keum » (mec), « meuf » (femme), « caillera » (racaille), « reum » (mère), « reup » (père), « relou » (lourd), « à donf » (à fond), « céfran » (français), « zarbi » (bizarre), « chelou » (louche), « vénère » (énervé)… Jugés ringards par les « zyvas » qui ont le sentiment que leurs codes ont été pillés, ces termes « anciens » ont, dans les quartiers, été remplacés par d'autres plus « modernes ». Pour recrypter leur discours, les 12-25 ans ont eu recours au verlan du verlan à l'instar de « feumeu » (envers de meuf) ou « meureu » (reum). Mais ils ont aussi verlanisé des noms, adjectifs et verbes qui, à l'origine, ne sont pas très employés hors des dalles hexagonales.

BABtOU

Verlan de *toubab*, mot d'Afrique de l'Ouest désignant l'Européen, le Blanc. Dans nos cités, ce nom masculin est repris par les « Renois » (verlan de Noir) et les « Rebeus » (verlan de « Beurs ») pour qualifier le « Gaulois », celui ou celle qui a la peau blanche. **Variantes :** bab, gwère, roumi, blavanc, blonblon, from, père Dodu.

> « Mais pourquoi les babtous, ils dansent pas le coupé-décalé (danse ivoirienne) avec nous, ils ont peur de se taper l'affiche (la honte) ou quoi ? »

BÉFLAN

De flamber, « béflan » est un verbe intransitif appartenant à un groupe ignoré du corps professoral et qui ne se conjugue pas ! Il signifie frimer, se la péter, « faire le kéké ».

> « Il béflan grave avec son rap à deux keus (à deux sacs, à deux balles) ; à la Nouvelle Reusta (star en verlan), il aurait pris rekdi (direct en verlan) quatre rouges ! »

CHANMÉ

Tout ça n'est pas très sympa pour celui qui en perd déjà son latin. Car l'adjectif « chanmé » signifie tout le contraire de son verlan « méchant », autrement dit admirable, génial, terrible, énorme. **Variante :** chanmax.

> « Ta vanne, Omar, elle est chanmée, sérieux, j'implose (je suis mort de rire), ils vont te dérouler le tapis rouge au Jamel Comedy Club ! »

DAR

Verlan de *hard*, dur en anglais, « dar », né dans les cités des Yvelines, peut aussi bien dire « dur » au sens de difficile que « bien » ou « cool », ne cherchez pas, c'est comme ça ! Le mot a donné naissance à l'expression « trop dar » qui signifie « trop bien ».

> « Je vais craquer là, il est dar (difficile) ton blème (problème) de théorème de Lesta (Thalès en verlan) ! »

« Je suis en kiff total (je suis super content), elle est trop dar (trop belle) ma Audemars (montre de luxe suisse de la marque Audemars Piguet très prisée des rappeurs). »

DARBLÉ

Verlan de « blédard » désignant le Maghrébin né au bled et qui a émigré en France, le « darblé » peut être, sur le ton de la moquerie, synonyme de plouc, péquenaud ou rustre. Il prend aussi parfois le sens de guignol, bouffon. **Variantes :** bledman, blédos.

« C'est quoi cette veste du cirque Pinder, t'es juste sapé comme un darblé. »

« Le darblé, il a eu zéro à l'exposé sur Cléopâtre, il a pris la prof pour une grosse teubé (bête en verlan) en la jouant copié-collé sur Wiki (Wikipédia, l'encyclopédie en ligne). »

DEUSPI

Oh, my god ! Même les mots en anglais se verlanisent. « Deuspi » (ou « despi » ou « despee ») est l'envers de *speed*, qui veut dire vite, rapide comme Speedy Gonzales. « En deuspi », c'est « en vitesse ».

> « Pour dompter les équations, il déchire Bachir, il est plus deuspi que la 4G et Schumi (le pilote de formule 1 Michael Schumacher)! »

fONBOU

Bouffon ayant été catapulté en préretraite par les bolos, schlags et autres cassos, c'est son verlan qui tente de tirer son épingle du jeu. « Fonbou » est une insulte pour qualifier un blaireau, un guignol, toute personne ridicule et qui, contrairement à son ancêtre très lointain, le fou du roi, n'est pas drôle du tout! Dans certains quartiers, on a jugé que « fonbou » sonnait mal et on lui a préféré « fonblard ».

> « J'ai traité le jumellier (pion) de fonbou, mais comment je me suis fait trasher (j'ai été repris de volée) par la principale! »

fONCEDÉ

Verlan de défoncé pour décrire un état physique et psychologique à la suite d'une consommation de drogue et/ou un abus d'alcool mais aussi pour illustrer un état de fatigue très avancé. **Variantes :** être F, être chépère (verlan de perché), être faya.

> « J'ai tisé (picolé) un truc de malade mental, j'étais total foncedé, ma chouch (petite copine), elle a pété un bleuca (câble). »

GOSSEBO

Le « gossebo », verlan de beau gosse, est un keum (mec) bien pésa (sapé) avec une cheutron (tronche) à la Brad Pitt plutôt que de pittbull. Son pendant féminin est la « beubon », verlan de bombe, qui caractérise la fille jolie et sexy susceptible de faire exploser les cœurs.

> « Sur la piste, il assure le gossebo avec ses chorés à la Kamel Ouali, lui sûr, il va tamponner (sortir avec) une beubon. »

GUEUDiN

Verlan de dingue, le « gueudin » peut susciter, selon le contexte, soit du mépris s'il est employé au sens d'imbécile, soit de l'admiration au sens de tête brûlée. **Variantes :** ouf (verlan de fou), foolek, trépané, tartare.

> « Une grosse tarte d'éléphant dans sa poire à ce gueudin, la tehon (honte en verlan), il sait même pas ce que ça veut dire PSG ! »

> « Wouaaaaaaaah le splash de gueudin, à la pistache (piscine), il a sauté du dix avec un plâtre au bras. »

KEGRÉ

Verlan de grec, le fameux sandwich de viande grillée qui nourrit des tonnes d'estomacs dans les quartiers populaires.

> « Tous les soirs, au Galatasaray, on fait tourner (partage) le kegré samouraï (sauce à base de mayonnaise, ketchup et harissa) et on pichtave (boit) du Selecto (sorte de Coca algérien). »

KEUSS

De sec, l'adjectif « keuss » a deux sens. L'un signifie sque-lettique, « greum » (verlan de maigre), l'autre ennuyeux, bidon, soporifique et peut s'appliquer à une histoire, une soirée, un cours et même un garçon ou une fille qui ne sait pas faire la teuf (fête). À ne pas confondre avec l'ho-monyme « keus », verlan de sac, utilisé plutôt comme unité de monnaie (dix keus, c'est dix euros ou dix balles). **Variante :** keussé.

> « Ta blague *Garde la pêche mais n'avale pas le noyau*, elle est toute keuss, comment elle fait grave mal à la gueule ! »

LEUGUEU

Verlan de gueule, associé quasi systématiquement à l'ad-jectif possessif « ma ». « Ma leugueu », parfois raccourci à « ma leug », c'est donc « ma gueule », locution qui signifie « mon frère », « mon pote ».

> « Alors ma leugueu, ça fait quoi (tu fais quoi), toujours dans la stomb (de « stomba », baston en verlan) le Golgoth (méchant super balaise dans *Goldorak*) ? »

MIFA

La « mifa », verlan de famille, est un cercle de proches qui intègre les parents, les sœurs, les cousins, les oncles… mais qui peut aussi s'élargir aux « potos », à tous les copains. **Variantes :** mif, miaf, smala.

> « La mifa, c'est sacré, le premier qui la frôle, je le dégomme, je suis comme aç (ça en verlan) quand j'ai le bleudia (diable en verlan, la haine) ! »

NESSBI

Verlan de business, le « nessbi » se fait souvent « à la youv » (verlan de voyou), comprenez dans l'illégalité.

> « C'est un nessbi de la balle (génial), je fais la collec' des violets (les billets de 500 euros de couleur violette) sans jamais flipper ma race. »

ROtCA

Du verbe « carotter » signifiant voler, escroquer. « Se faire rotca » (ou « rotka »), c'est être victime d'un vol ou d'une arnaque. **Variantes :** se faire carna (verlan de arnaque), se faire guezmer (verlan de merguez), se faire bébar (verlan de barber dans le sens de voler et escroquer), se faire bananer, se faire douiller.

> « J'ai rotca son keus (sac) dans les vestiaires, il est rentré chez lui en slibard, j'avoue, c'est abusé. »

> « Le vendeur, il m'a dit nanani nanana, c'est de la super came, mais en fait, son queutru (truc), c'est en mousse (ça ne vaut pas un clou). je me suis fait rotca. »

SCARLETTE

Du verlan « lascar » qui désigne le jeune mâle de banlieue plus ou moins sage, à qui l'on a ajouté « –ette » pour le féminiser. Une « scarlette » est donc une fille des cités adepte du survêt'-baskets-casquette et, elle aussi, plus ou moins sage…

> « C'est auch (chaud en verlan) maintenant, même les scarlettes, elles engrainent (agressent verbalement) sévère les profs. »

TARBA

....

Verlan de bâtard, « tarba » est une injure pour s'indigner non pas d'un camarade né hors mariage mais d'une attitude de lâche, de traître, de bouffon et de toute situation que l'on jalouse.

> « Tu m'as lanceba (balancer en verlan) au proviseur espèce de tarba, à cause de toi sale chacal, je vais me manger une exclusion. »

> « Le tarba lawiss (verlan de celui-là), il a eu 20 en maths, il a une calculette dans la cervelle ou quoi ? »

TÉMA

....

Verlan de mater, dans le sens de regarder et non pas d'écraser par la force. Ce verbe, exempt de conjugaison, est le plus souvent employé à l'impératif. C'est généralement la gent féminine qui concentre les regards d'une gent masculine... laquelle ne fait pas dans la dentelle ! **Variantes :** chouf (regarde, en arabe), chab (regarde, en argot lyonnais).

« **Téma** la turbo diesel (jolie fille), moi là, je suis trop **OP** (opérationnel, c'est-à-dire d'accord) pour faire le **canard** (être aux petits soins d'une demoiselle) ! »

On inversait déjà les syllabes au Moyen Âge !

On n'a pas attendu la naissance des cités et des rappeurs-rebelles pour s'amuser à retourner les syllabes. Le verlan, sans pour autant s'appeler ainsi, se pratiquait déjà au Moyen Âge. Au XIIe siècle, dans la version médiévale de la légende de Tristan et Yseult, le premier est par moments appelé « Tantris ». Au XVIIe siècle, le peuple frondeur rebaptise la maison royale des Bourbons les « Bonbours », afin de pouvoir plus facilement la critiquer. Au XVIIIe siècle, le roi Louis XV est parfois surnommé « Sequinzouil ». Au XIXe siècle, c'est surtout dans l'univers carcéral, en particulier dans les bagnes, mais aussi dans le milieu de la pègre que ce type de code secret est adopté. Puis durant l'occupation allemande, lors de la Seconde Guerre mondiale, il est utilisé pour désorienter les nazis. Le substantif lui-même, signifiant « envers » en verlan, serait apparu au milieu du XXe siècle sous la plume de l'écrivain Auguste Le Breton, qui l'orthographiait « verlen ».

TIÉKAR

Le « tiékar », verlan de quartier, s'apparente à la cité, la téci, la tess quoi ! Il est de la même famille que le « rainté », verlan, lui, de terrain. **Variantes :** tiek, tieks, tiekson.

> « Franchement, ça fait chaud au cœur quand Zizou, il revient au tiékar pour tchatcher avec les tipeus (les petits en verlan). »

TOMI

Verlan de mytho (écrit plutôt « mito »), lui-même apocope (suppression de phonèmes en fin de mot) de mythomane. Un « tomi » fait donc son mito, c'est-à-dire qu'il raconte des petits comme des gros bobards, sans pour autant souffrir de mythomanie, la maladie du menteur.

> « Le gros tomi, il a juré à sa daronne (mère) sur le Coran de La Mecque qu'il était triple Disque d'or alors qu'il a jamais sorti de skeud (disque en verlan). »

YASKA

Pour faire le plein de « yaska » (verlan de caillasse, vieux mot d'argot désignant l'argent), y'a qu'à… bosser ! **Variante :** genar (argent en verlan).

> « Son reup (père en verlan), il lui file pas de yaska et en plus, il est Alcatraz (privé de sorties, clin d'œil à l'ex-prison au large de San Francisco). »

ZINCOU

Dans les cités, nul débat sur la filiation, on est tous « zincou » (verlan de cousin) ou presque : aucun lien de parenté n'est nécessaire puisque c'est un synonyme de « pote ». **Variantes :** zinc, zinclard.

> « Hey mon zincou, on dirait que t'es en bad trip (tu t'angoisses), t'as le blues de la tess (cité) ? »

LES MOTS VENUS
D'AILLEURS

•

Les langues maternelles entrent en scène. Les jeunes des cités cosmopolites enrichissent de plus en plus leur vocabulaire de mots provenant de la culture de leurs parents. Ils les ont souvent découverts en vacances au bled, au Maghreb ou en Afrique noire, puis les ont, quelque peu détournés de leur sens initial, rapportés à la maison dans leurs valises linguistiques. Il est aussi des termes anglo-saxons qui viennent directement à eux, *via* la radio et la télé, appartenant dans une large mesure à la culture hip-hop américaine.

NÉS AU BLED

•

Autrefois cantonnés aux insultes, les mots et expressions en arabe – que celui-ci soit littéral, dialectal ou argotique – se diversifient dans la bouche des « lascars », nom masculin sans doute issu de l'arabe *ascar* signifiant soldat.

AVOIR LE SEUM

De *seum*, poison, venin. « Avoir le seum », c'est, selon le contexte, avoir le cafard, être énervé ou avoir la haine. Pour libérer ces sentiments envahissants, il existe une autre expression : « foutre le seum », c'est-à-dire foutre le bordel ! **Variantes :** être seumé, avoir le démon, rager, avoir la geura (rage en verlan), avoir le bleudia (diable en verlan).

> « J'ai le pur gros seum, mon keum (mec), il a chiné (dragué) ma reus (verlan de sœur) trop cheum (verlan de moche). »

BELEK

Mot signifiant fais attention, fais gaffe. Un « belek » est, lui, un « chouf », un « guetteur » chargé de prévenir les dealers de l'arrivée des policiers. **Variante :** handek.

> « Belek mec, je te dessoude (frappe) si tu me mets une pecran (si tu refuses de me saluer quand je te tends la main, verlan de crampe). »

ÇA ME FAIT DAHAK

Ce n'est pas une blague : *dahak*, en langue arabe, c'est rire, donc « Ça me fait dahak » veut dire « Ça me fait marrer ».

> « Ça me fait trop dahak, Matteo le mito, il claironne qu'il est le futur Mike Tyson mais il est plus minus qu'un punching-ball ! »

FAIRE LA HAGRA

Hagra, avec un « h » aspiré et en roulant le « r », signifie à la fois mépriser, humilier et commettre une injustice par la force. Ainsi, « faire la/une hagra » à quelqu'un, c'est soit, à travers des mots blessants, de la méchanceté gratuite, lui

« faire la misère », soit, physiquement, le voler, le dépouiller, voire le frapper.

> « J'ai grandi à la dure, j'ai l'étoffe alors vas-y, fais-moi la hagra, dis-moi "Mange tes morts" (insulte suprême, équivalent d'un "Nique ta mère!"), je m'en carre (tape)! »

fOUtRE LE DAWA

Dawa signifie bazar, désordre, pagaille, grabuge. « Foutre le dawa », c'est donc foutre le bordel. **Variantes:** faire la halla (la *halla* en arabe algérien est quelque chose qui ne passe pas inaperçu ou qui est super), foutre le sbeul (de *sbel*, ordure en arabe).

> « Eh madame, c'est abusé quatre heures de colle, on vous a juste manqué un chouïa (un peu) de respect, c'est pas comme si on avait foutu le dawa dans votre cours! »

HABIBETTE

De *habibi*, ma chérie, mon cœur, mon amour, agrémenté d'une note finale affectueuse « –ette ». Par extension, une « habibette » désigne aussi une fille.

> « Pour faire la diff (différence) avec l'habibette, tu lui sors le grand jeu avec une kassedédi (dédicace) sur Skyrock style *Je suis trop love de toi, baby.* »

HASS

La *hass*, le bruit en algérien, a changé de sens en traversant la Méditerranée. Ce mot fourre-tout signifie la prison, la honte, mais surtout ces derniers temps la galère, la misère. Ainsi est née l'expression « C'est la hass » qui, en période de crise, est forcément très reprise, d'autant qu'elle est mise à l'honneur dans les chansons du groupe de rap qui cartonne, Sexion d'Assaut.

> « C'est la hass, y a keud (que dalle, rien) dans le frigo, j'ai plus de crédit sur mon bigo (téléphone), je sens que je vais partir en freestyle (en vrille). »

HCHOUMA

....

C'est la honte, qu'il faut surtout prononcer *harchouma* pour ne pas se la taper (la honte). A fortement inspiré le nom masculin « hchouman », titre d'un sketch de Jamel Debbouze, désignant l'individu qui, impitoyable, s'est spécialisé dans le « foutage de honte ». **Variantes :** chouma, harchem.

> « Tu m'as trop foutu la hchouma, pourquoi t'as balancé à toutes les meufs de la classe que j'avais pas encore ken (niquer) ! »

KHALISS

....

Il paraît que ça ne fait pas le bonheur. Pourtant, du « khaliss » (prononcez « raliss » en roulant le « r »), de l'argent, qui n'en veut pas toujours plus ? De *khalass*, la paie en arabe algérien.

> « Je dois faire un max de khaliss pour pouvoir offrir le hajj (pèlerinage à La Mecque) à mes rempas (parents). »

KHOUYA

Frère, par extension, (mon) pote, (mon) ami. À prononcer en roulant généreusement le « r », *rrrrouilla*. **Variantes :** kho (*rrrro*), khey (*rrrray*), akhi (*arrrri*), sahbi, srab.

> « Faut que je trace là, v'là mon reureu (RER), vas-y, ciao khouya, décompresse le stress (détends-toi) ! »

KIFFER

Pour certains experts de notre langue, ce mot vient de l'arabe maghrébin *kaif* traduisant un état de béatitude, un plaisir voluptueux, pour d'autres, de *kif*, le haschich en Afrique du Nord qui « procure du plaisir ». Pour nous, à vrai dire, c'est kif-kif ! Ce qui est sûr, c'est que « kiffer », verbe ayant droit à quelques lignes dans nos dictionnaires, signifie aimer, adorer, être fou de. Quant à « mon, ton… kiff », c'est « mon, ton… plaisir ».

> « Je m'en bats les reins (je m'en fiche) si on me traite de zoba (bouffon, idiot en lingala, langue du Congo), moi, je kiffe trop le Petit Bonhomme en mousse. »

METTRE UNE HASBA

En argot d'Afrique du Nord, la *hasba* est une arnaque. « Mettre une hasba » à quelqu'un, c'est donc l'escroquer.

> « Le garagiste, c'était un MacGyver grave malhonnête, il avait dégonflé (diminué) le kilométrage de la gova (voiture), histoire de me mettre une belle hasba. »

MISKINE

Miskine, c'est une façon de dire « le pauvre », « le malheureux », de s'apitoyer sur le sort de son interlocuteur.

> « Miskine, il est rejeté par sa mif (famille) depuis qu'il a pécho (choper) le dass (contraction de « dasi », verlan de sida). »

PASSER LE SALAM

De *salam aleykoum*, salutation parlée arabe, l'expression « passer le salam » à quelqu'un signifie lui donner le bonjour.

> « Si tu captes le teurteur (inspecteur) au comico
> (commissariat), passe-lui le salam, ça fait perpet'
> qu'il m'a pas serré (arrêté). »

SHRAB

Le mot se consomme sans modération dans les soirées de
« djeuns ». En arabe argotique, *shrab* désigne le vin, et par
extension l'alcool. Il se décline en « un shrabouillard » (un
alcoolo) et « être shrabouillé » (être bourré).

> « Ils étaient en mode open-bar les charclos (clo-
> chards en verlan, ici dans le sens de bouffons),
> ils ont pillave (bu) tout le shrab en dix minutes. »

T'ES SAH?

De *sah* qui veut dire vrai, l'interrogation « T'es sah? » signifie donc « C'est vrai? », « T'es sérieux? »

> « Qu'est-ce tu me baratines, à cause du bac, khey
> (frère), tu veux pas faire le ramdam (ramadan),
> mais t'es sah, là? »

TIMINIKS

Toujours (ou presque) au pluriel, ce nom masculin désigne les manières, le « tralala » mais également les embrouilles. Il a donné naissance au verbe « timiniker » qui signifie critiquer lâchement quelqu'un, parler dans son dos.

> « Arrête tes timiniks, t'es pas à Masterchef, t'as pas besoin de fourchette pour grailler (manger) ton salade-tomates-oignons (kebab complet). »

> « Eh, les gars, ce soir, on gère, pas de high-kick (coup de pied à la nuque), pas de timiniks avec les autres cliques. »

ZABOUR

Une « zabour » est une très jolie demoiselle qui ne peut laisser indifférent. **Variantes :** bombax, mururoa, fusée, turbo diesel, papiche (argot algérien).

> « Je suis tout rouge, faut que je tape la *harba* (la fuite en arabe), la zabour atomique, chaud comme elle me fait trop d'effet ! »

ZAHEF

La colère en arabe a mué en « énervé » dans nos cités.
Fait aussi office de verbe dans la locution « Ça me zahef »,
comprenez « Ça m'énerve ».

> « Va te suicider, t'as trop le vice, tu sais quoi, je
> suis trop zahef, débarque surtout pas avec tes
> excuses ! »

ZOUZ

Fille, femme. En Tunisie, *zouz*, qui signifie « deux », a donné
son nom au premier site en ligne de rencontres amou-
reuses du pays.

> « Il a retroussé le bas de son survêt, il croit que
> c'est comme ça qu'il va mousser (coucher avec)
> de la zouz. »

ORIGINAIRES
D'AFRIQUE NOIRE

•

Par leur sonorité et leur étymologie amusantes, les mots et expressions en provenance de Bamako, d'Abidjan ou de Kinshasa apportent du soleil dans la langue des cités.

BOUCANTIER

Nom masculin issu du nouchi, l'argot rigolo de la rue en Côte d'Ivoire, cette tchatche de la débrouille dans les quartiers pauvres d'Abidjan qui mêle le français aux différentes langues du pays. Le « boucantier » désigne la personne bling-bling qui aime afficher sa richesse en portant bijoux de luxe et vêtements de marque et surtout en le criant sur tous les toits sur un ton distingué. Au final, il fait pas mal de… boucan ! Par extension, c'est tout flambeur, tout « beau parleur petit faiseur ».

> « Arrête de jouer au boucantier, tu fais le mec zarma (genre) qui pète tout à l'ENA, en vérité, t'es bac - 5. »

C'EST GÂTÉ

Expression ivoirienne pour dire que « c'est cassé » mais aussi « c'est foutu ». S'applique à un objet comme à une situation.

> « Sa race (zut !), c'est gâté, 2-1 pour le Pays-Bas à deux minutes de la fin, les Éléphants (nom donné à l'équipe de football de Côte d'Ivoire), ils vont se faire expulser du Mondial. »

C'EST MABE

Expression populaire dans les cités de Villiers-le-Bel (Val-d'Oise) synonyme de « ça craint ». *Mabe* en lingala (langue parlée notamment en République démocratique du Congo) veut dire mauvais.

> « Dans les tess (cités) de la BN (Banlieue Nord, Val-d'Oise), y'a pas de taf (travail), c'est mabe, faut que je me radine à Dubaï ou Miami ! »

EN SOUM-SOUM

En cachette, secrètement, sous le manteau. Au Sénégal, le *soum-soum* est le nom donné à une boisson alcoolisée fabriquée à partir de pommes d'acajou et produite clandestinement. C'est ce breuvage illégal qui aurait donné naissance à l'expression « en soum-soum », à moins que ce ne soit plus simplement le mot « sous-marin ».

> « Vas-y Huggy les bons tuyaux, raboule la soluce (la solution) de l'exo en soum-soum. »

GO

Fille, demoiselle en bambara, langue d'Afrique de l'Ouest surtout parlée au Mali. **Variante :** gorette.

> « La go, là, elle est fraîche (branchée) dans son slim (jean moulant), comment je date (je suis *has been*) à côté avec mon sous-pull blanc ! »

iGO

Bonhomme en soninké, langue d'Afrique de l'Ouest. Par extension, mec.

> « Eh, igo, tu me refais pas un coup de Trafalgar
> et tout et tout, sinon je tweete ta mère (je t'in-
> sulte), moi. »

MOUGOU

Verbe issu du nouchi qui signifie faire l'amour. Le « mou-
gouli », lui, est la partie de jambes en l'air. Quant à la
« mougance », elle correspond à une envie pressante de
faire crac-crac. **Variantes :** tchoukou tchoukou (d'origine
ivoirienne), ken (niquer en verlan), mousser, déboîter,
bouillave (d'origine tzigane).

> « Je te jure, j'ai mougou toute la nuit comme un
> bonobo, quand y'a de la cuisse (des filles), moi, je
> prends mon iep (pied en verlan). »

S'ENJAILLER

Se faire plaisir, s'amuser, faire la fiesta. En exploitant généreusement ce verbe issu du nouchi dans ses chansons,
le rappeur de Trappes, La Fouine, l'a fait connaître aux
jeunes de l'Hexagone.

« Ce soir, pas de traquenard, on fait les sapeurs (on s'habille classe, de sape), on met le feu au club, on s'enjaille, tu vois le bon délire ? »

TAF-tAF

Vite fait, rapidement en wolof, langue parlée notamment au Sénégal.

« La dinguerie (incroyable !), je suis amoureux, faut que je gratte (récupère) taf-taf son 06 (numéro de portable). »

Y'A DRA

Importée du Mali et de Côte d'Ivoire, l'expression « y'a dra », écrite parfois « y'a drah » signifie qu'il y a de l'électricité dans l'air, des ennuis à l'horizon, autrement dit des risques importants de se retrouver dans de sales draps ! À l'inverse, si « y'a pas drah », c'est que ça roule comme sur des roulettes.

« Les fooleks (tarés) en face, ils sont à bloc dans la Matrix (dans un mauvais délire), y'a dra, alors nous, on taille. »

Y'A FOYE

Locution en nouchi signifiant rien, rien de neuf, *statu quo*, mais aussi « y'a pas de problème ». **Variantes :** y'a fye, y'a yeuf.

> « Y'a foye ici, l'ascenseur, il est toujours québlo (verlan de bloqué), ça fait un mois qu'on squatte l'escalier pour grimper au douzième. »

MADE IN USA

•

Les « Cainris » (Ricains en verlan) ont une belle cote auprès des jeunes des cités qui croient toujours à l'*american dream*. Ils sont fascinés par les rappeurs du Nouveau Monde devenus multimillionnaires grâce à leurs tubes et qui demeurent les fournisseurs *number one* des mots *english*.

BIATCH

Mot d'argot issu des quartiers populaires américains qui est une prononciation déformée du mot *bitch*, salope en anglais. Il a les faveurs des rappeurs Snoop Dogg et Eminem. En France, c'est le « boss de la rime », l'américano-phile Booba, « le duc de Boulbi » (Boulogne-Billancourt), qui a accru sa notoriété auprès des jeunes. Cette insulte désigne une fille facile, une allumeuse et, par extension, une femme antipathique experte en coups bas, une garce en quelque sorte.

> « Elle me disait "T'inquiète, on sera ensemble H24" (tout le temps), n'importe nawak (n'importe quoi) la biatch-là, j'attends toujours son call (coup de fil). »

BRO

Diminutif de *brother*, frère, par extension pote.

> « Mon bro, c'est pas un keum de square (un gars ordinaire), il a toujours un gun (pistolet) sur lui et il est glacial comme un Mister Freeze. »

CHILLER

Du verbe d'argot anglo-américain, *to chill*, profiter de la vie, prendre du bon temps.

> « Allez, on step (bouge) à Paname, on squatte les Champs et on chille tranquille en ville. »

EASY

Facile, haut la main, par extension cool, tranquille. Dans les textos ou sur les forums des ados, cet anglicisme se met « en mode » phonétique donc s'écrit « izi ».

« Cette année, j'ai trimé comme un ouf (fou en verlan), le bac, je vais l'avoir easy, Inch Allah (si Dieu le veut)! »

« Même pas j'ai la haine, j'ai trop la gouache (pêche), easy mon pote! »

Abréviation de *Original Gangster*, le OG (prononcez *o-dji*) incarne le bandit chevronné, celui qui va se lancer dans un *drive-by* (fait de tirer des coups de feu depuis une voiture ou une moto) comme dans les films hollywoodiens. Il se différencie ainsi du BG (*Baby Gangster*), le truand amateur. Les deux lettres ont intégré le vocabulaire des lascars grâce au rappeur Booba qui leur a consacré une chanson mais aussi grâce au jeu vidéo d'action-aventure *GTA-San Andreas* dont l'un des personnages est surnommé « OG Loc ».

« Lui, c'est un OG *low-cost*, il a joué le squale, sûr, il va se faire mécra (verlan de cramer). »

Plus c'est court, mieux c'est!

Les abréviations sont en phase avec le débit mitraillette de la jeunesse des quartiers.
BG (beau gosse), **GAV** (garde à vue), **FB** (Facebook), mettre un **CP** (coup de pression, intimider), **JPP** (j'en peux plus), **AKA** (*also known as* en anglais, « également connu sous le nom », c'est-à-dire *alias*, formule employée dans le monde du rap pour introduire les pseudonymes), **RPZ** (représente, utilisée sur les réseaux sociaux comme signe d'appartenance à la banlieue: RPZ la rue, RPZ la zup, RPZ 93…), **OP** (opérationnel, être OP, c'est être prêt à faire quelque chose), **FV** (fille voilée), **RTVA** (raconte ta vie ailleurs, dégage).

SWAG

Mot popularisé par les rappeurs américains Jay-Z, Kanye West ou Lil' Wayne à travers leurs tubes, il désigne la « cool attitude ». « Swag » enfile aussi bien le costume d'adjectif (« Il est trop swag ») que de nom (« Il a un swag de clochard »). Il est sur le point d'entrer dans le langage courant. « Que signifie swag? » a, en effet, été la première question posée sur le moteur de recherches Google en 2012! Ses origines sont très lointaines: le verbe *swagger* apparaît dès la fin du XVIe siècle dans les vers du dramaturge anglais William Shakespeare, dans le sens de fanfaronner. Selon certaines sources (jugées fantaisistes par le milieu extrêmement macho du hip-hop US), *swag* serait, en fait, l'acronyme d'un mouvement homosexuel des années 1960 voulant dire : « *Secretly we are gay* », un sigle qui était tagué sur les murs de San Francisco.

> « Tu sors la snapback (casquette américaine avec réglage à crans) et là, la classe **Adidas**, t'as plus qu'à laisser parler ton swag. »

TH**U**G

Traduction de voyou, le « thug » a été élevé au rang de héros en 1993 par le rappeur américain Tupac Shakur (assassiné en 1996) dont le groupe et le premier album sont baptisés… *Thug Life*, autrement dit « la vie de la rue », celle des durs, des vrais hommes. En France, un « thug » (prononcé *teugue* dans les cités) n'a pas forcément un casier judiciaire chargé, c'est parfois un terme affectif utilisé entre potes pour désigner le « taré de service », celui qui n'a peur de rien.

> « Gamin, je voulais être Scarface, le plus gros thug de l'univers mais les grands frères m'ont dit : "Wallah (je te jure), c'est pas un métier d'avenir, ça", alors j'ai fait Sciences Po. »

LES MOTS DE
MARSEILLE
ET DE LYON

•

Il n'y a pas que dans le football que Marseille et Lyon se démarquent. Dans l'argot des cités, aussi, les deux métropoles sortent du lot, concoctant de savoureuses spécialités linguistiques.

LA GOUAÍLLE DE MARSEÍLLE

•

En particulier dans les quartiers nord, qui s'abreuvent de ballon rond et de rap, le parler des minots fait de l'ombre aux bons mots de Pagnol.

À LA BIEN

Titre d'une chanson de la star marseillaise du rap, Soprano, « à la bien » signifie tranquille, relax, nickel.

> « On a fait péter le champagne, à la bien, et y a des gazelles (filles) trop criminelles (très jolies) qu'ont débarqué ! »

BOTCH

Dans le Sud, le « botch » est un taré, une tête brûlée, qui, sur l'échelle de la folie, détrône largement le légendaire « fada ». **Variantes :** djobi, fadoli.

> « Piste (regarde) le botch, il est modifié (bizarre) ou quoi, il va chercher des poux aux stadiers, comment il va se faire gauler ses fumis (fumigènes) ! »

C'EST DÉGAINE

C'est joli, c'est beau. S'applique généralement à un look ou à un vêtement.

> « — Mate, mon maillot de l'OM, il est tout *jdid* (neuf en arabe)!
> — C'est dégaine, t'es en place (t'as la classe). »

C'EST RHÉNÉ

C'est une énigme du côté du Vieux Port. Personne ne peut dire avec certitude d'où vient le mot « rhéné » qui signifie nul, bidon, pourri. De l'arabe, du gitan, du comorien? Moult hypothèses circulent. La plus étonnante est footbalistique. « Rhéné » aurait émergé à la suite d'une très large défaite des Rennais au stade Vélodrome face à l'OM! **Variante:** c'est rhendchouze, c'est yetch.

> « *Plus belle la vie*, tu sais la série, c'est chez nous ça mais c'est rhéné, t'as vu leur accent, il est trafiqué. »

C'Est ZBOP

Quand c'est bien, quand c'est top, on dit que « c'est zbop ». **Variante :** c'est le cœur du poulet.

> « Le PSG qui prend une raclée, c'est zbop, mais l'OM qui gagne, c'est trop zbop ! »

DEGUN

C'est personne, dans sa fonction de pronom. S'il y a « degun », c'est qu'il n'y a personne. Et si vous craignez « degun », c'est que rien ne vous effraie, sans doute parce que vous ne devez rien à « degun » !

> « Chaud comme y'a degun en cours à cause de la grève des chauffeurs de bus, la prof, elle marronne (râle) à donf (à fond). »

EMBOUCANER

« Emboucaner » quelqu'un, c'est soit l'ennuyer, l'agacer, l'importuner, soit lui faire croire des choses qui n'auront jamais lieu, le baratiner, lui « embrouiller la tête » au risque de recevoir, en échange de bons procédés, un coup de boule!

> « Vas-y monte dans ta chambre, tu m'emboucanes avec tes blagues périmées. »

> « Comme il m'a emboucané, il m'a juré sur la vie de la Bonne Mère que Ronaldo allait signer à l'OM, je suis choqué de moi-même de l'avoir cru! »

EN GATSE

S'il y a une « engatse », c'est qu'il y a un problème. « S'engatser », c'est s'énerver. L'« engatsé », lui, est l'individu qui perd son sang-froid. Enfin, « engatser » quelqu'un consiste à lui « retourner le cerveau ».

> « Ça sent grave l'engatse avec les gaziers (gars) de La Cayolle (cité marseillaise), il va pleuvoir des cricks (coups de pied). »

ÊTRE UN BOUCAN

Il n'a rien pour lui. Un « boucan » fait beaucoup de bruit quand il parle, il est lourd quand il narre pour la énième fois ses histoires abracadabrantesques et, en plus, il est incontrôlable. **Variante :** être un bordel.

> « T'abuses le minot, t'es un vrai boucan, si tu passes pas en mode veille, je t'exhibe sur crétin.fr. »

ÊTRE PLEIN DE BOUCHE....

Quand on est « plein de bouche », c'est qu'on ramène toujours sa fraise, qu'on est un prétentieux, qu'on est tellement un beau parleur que les mots finissent par dégouliner des lèvres. Et ça, forcément, ça dégoûte les autres… **Variantes :** être un cake, être une roulade.

> « Toi, le plus beau mia (dragueur) des boîtes de nuit ? Mais t'es plein de bouche, t'es jamais sorti de la Castellane (quartier marseillais), ta mère, elle te séquestre depuis que tu sais marcher ! »

GAROFEUR

Il faut se méfier de lui autant que d'un arracheur de dents car c'est un menteur. Du verbe « garofer », mentir.

> « La vérité, je suis un garofeur professionnel,
> pas comme ces petits tomis (mythos en verlan)
> des cours de récré qui font trop zindave (pitié). »

PATASSE

Sans lien de parenté avec la pétasse, le « patasse » est un cumulard de la connerie, à la fois nul, imbécile, mauvais. **Variante:** pébron.

> « Eh, le nainbus (gamin), t'es un patasse, à ta place
> j'irais cash me jeter aux Goudes (petit port de
> la cité phocéenne près des calanques entouré
> de falaises). »

PAYOt

C'est le « boulet » marseillais, l'abruti infréquentable, mais aussi le jeune qui n'est pas de la cité, qui ne partage pas les valeurs du quartier, faisant plutôt partie des classes sociales aisées ou des têtes de classe. Pour la gent féminine, on dit « payotte ». Vient vraisemblablement de « payo » qui, chez les gitans, désigne le non-gitan. **Variantes:** bodge, panouille.

« Tékass (te casse pas la tête), aucun risque de filade (bagarre), c'est un payot, il n'a jamais mis de péchon (gifle) de sa life (vie)! »

« Son dar (père), il lui file 500 euros (il est marseillais, donc la somme est sans doute surévaluée!) d'argent de poche par semaine, moi, le môme de la street (rue), même pas je peux aller en colo avec ce payot. »

SE GAVER

L'estomac n'a pas son mot à dire dans cette histoire. Si une personne « s'est gavée », c'est qu'elle s'est surpassée, qu'elle a réussi sa mission, qu'elle a, par exemple, décroché une bonne note.

« La prof de philo, elle va pas me doucher (me foutre la honte), je me suis gavé, dans ma dissert, j'ai tchatché de l'humilité vicieuse et de l'humilité vertueuse chez Descartes, eh ouais mec! »

TARPIN

Adverbe signifiant beaucoup, très, vachement, « tarpin » est l'équivalent méditerranéen du « trop » et du « grave » entendu dans le reste de la France ou du « gavé » bordelais. **Variante :** tempête.

> « Ta bouillabaisse, wallaye bilaye (je te jure), elle est tarpin bonne mais tarpin reuch (cher en verlan), chouf (regarde) l'addition ! »

LE JARGON DE LYON

●

Ce sont les « Bocuse de la tchatche ». Les gones de la cité des Gaules et de sa banlieue offrent une cure de jouvence à des mots d'argot qui étaient condamnés à s'éteindre, en s'amusant aussi parfois à modifier leur sens.

AVOIR LASSEU

D'un individu, de sexe masculin ou féminin, qui assure, on dit qu'il a la classe ou, en verlan, la « seucla ». Mais pour se faire remarquer du côté de Lyon, on a décapité « seucla », devenu « seu », et on a annexé à cette ultime syllabe « la » tout en ajoutant un « s ».

> « Foued, il a lasseu, à 22 piges, il est déjà adjoint au maire de Venissdingue (Vénissieux). »

BALNAVE

Ce verbe issu du romani (langue parlée par les Tziganes) et qui signifie mentir à l'origine a été victime d'un détournement de sens. Il s'est transformé en adjectif synonyme de nul, de « pourrave ».

« Je rouille (je m'ennuie), trop balnave son cours sur l'autre trépané (fou) de Tonpla (Platon), je préfère encore zoner (arpenter le quartier). »

Les verbes en « -ave », ça le fait grave!

De nombreux mots d'origine tzigane ont intégré le langage des cités, surtout dans les villes où la communauté gitane est importante (Montreuil en Seine-Saint-Denis, par exemple). Parmi eux, pléthore de verbes se terminant en « –ave » et ayant la particularité d'être défectifs, c'est-à-dire qu'ils ne se conjuguent pas, ce qui n'est pas pour déplaire à la jeunesse. Florilège de mots pour « kiffer grave ».

Balnave (mentir), **bédave** (fumer un joint), **bicrave** (vendre, dealer), **bouillave** (faire l'amour), **chafrave** (travailler), **chourave** (voler), **dicave** (regarder), **graillave** (manger), **guénave** (danser), **guérave** (cacher), **kérave** (embrasser), **marave** (frapper), **mirave** (regarder avec suspicion), **moutrave** (pisser), **nachave** (partir, s'évader), **pachave** (dormir), **pénave** (parler), **pestrave** (payer), **pichtave** (boire, se bourrer la gueule), **pillave** (s'alcooliser), **poucave** (balancer, trahir), **racave** (parler mal), **rodave** (surveiller), **rouillave** (arnaquer), **se courave** (se battre), **se pagave** (tomber).

C'EST LA TRIK

C'est l'équivalent d'un « c'est génial », « c'est trop bien ». Quel rapport avec le gros bâton ou l'érection ? La réponse se trouve en fait dans le numéro de département du Rhône, le 69… **Variantes :** c'est crapuleux, c'est craps.

> « C'est la trik, j'ai décroché un CDI de médiateur à Venvlin (Vaulx-en-Velin), le recruteur, il s'en battait les yeukous (couilles en verlan) de mon soidisant accent des cités. »

CHAB

Alternative à « regarde », du verbe local « chaber » (regarder) conjugué ici à l'impératif.

> « Chab le gadjo (gars) avec le calebard (caleçon) qui s'échappe du futal (pantalon), respect comme il dégaine son leusti (style en verlan) ! »

CHER

Adverbe synonyme de vachement, très, vraiment, l'équivalent dans la bouche d'un ado de « grave » ou « trop ».

A donné l'expression : « Ça me fout cher la mort », traduisez : « J'ai la haine », je suis très, très, très énervé.

> « T'es cher lourd, là, arrête de faire ton HA (abréviation de Homme d'Affaires, frimer), tu vois le mur là-bas ? Eh ben fonce dedans, mon zinclard (pote) ! »

ÊTRE TCHALÉ

Expression signifiant être content, heureux mais aussi amoureux. **Variante :** être tchalav.

> « Je suis un gratteur professionnel, j'ai raflé 100 euros au Morpion, je suis trop tchalé. »

> « Je suis tchalée d'un beau gosse qui me fait qué-cra (craquer en verlan) le string ! »

PÉLO

D'origine romani, ce nom masculin s'est d'abord imposé dans les quartiers populaires de Lyon avant de s'exporter dans les cités des villes avoisinantes. Il signifie mec, gars et, par extension, petit ami.

> « Eh, pélo, au lieu de ragotter sur ma reum (mère), va au goal sinon je fais de la marmelade avec tes chevilles. »

PÉTARD

Tout le monde sait que c'est un postérieur, un joint ou un bruyant artifice ! Mais seuls les « meufs » et les « keums » de Lyon savent que ça peut aussi être un beau gars ou une belle nana. Le contraire donc de la « vieille mouille » et de la « bombonne de gaz » qui visent la fille et le garçon dont le physique n'est clairement pas à leur avantage.

> « Zappe ce keum, tu crois que c'est un pétard mais en fait, c'est un colis piégé, en maillot de bain, comment y fait peur ! »

VARDINE

La « vardine » dans la langue des gitans désigne la roulotte, la caravane. Mais dans celle des banlieusards du Rhône, c'est une voiture.

> « Vas-y mets fissa ta robe (dégage), ta var-
> dine, j'en veux pas, elle a même pas de spoiler
> (aileron). »

YORKS

Désigne les parents. Sans doute surnommés ainsi par leur progéniture parce qu'ils aboient autant que les toutous de race yorkshire! **Variante:** yorkos.

> « Y me fanent (saoulent) mes yorks, y me donnent
> toujours des ordres genre "Mets ta couche et
> file au lit." »

LES MOTS DU QUOTIDIEN

•

Ce sont les termes de la vie de tous les jours, ceux d'un environnement architectural loin d'être rose, ceux qui se focalisent sur le look et les apparences, ceux utilisés pour saluer et chambrer les potes, ceux, majoritairement crus, qui visent les filles et (un peu) les garçons, ceux qui ne jurent que par les jeux vidéos et la « bagnole ».

BIENVENUE DANS MON QUARTIER

•

Il existe mille et une façons de qualifier la cité, à travers des mots liés directement aux spécificités de l'urbanisme en banlieue.

Bat-Bat

Abréviation de bâtiment qui, en banlieue, prend la forme d'une tour ou d'une barre HLM. Généralement associé à un numéro ou une lettre, afin de le différencier de ses voisins au sein des grands ensembles.

> « Je tiens tellement les murs du bat-bat 4 que je suis zdeg (musclé) comme Hulk et Stallone dans le même corps. »

FAVELA

Au Brésil, la *favela* désigne le bidonville où règnent la misère et la loi du plus fort. En France, c'est la cité, délabrée ou non. Le terme s'emploie précédé de « ma » parce qu'on en est fier. Le mot a fait une percée dans certains quartiers grâce aux films brésiliens *La Cité de Dieu* (2002) et *La Cité des hommes* (2008), qui racontent le quotidien d'une *favela* de Rio de Janeiro sur fond de guerre des gangs. Sur les dalles hexagonales, ils sont devenus aussi cultes que *Scarface* ou *Les Princes de la ville*.

> « Dans ma favela, c'est la zermi (misère en verlan), y'a 50 % de chomdu (chômage), alors on squatte le porche midi et soir, pas le matin parce qu'on pionce. »

PAVtAR

Diminutif de pavillon, maison individuelle, également dénommé « pav ». Terme parfois péjoratif dans la bouche de jeunes des cités qui n'ont connu que l'habitat collectif et qui considèrent les propriétaires de « pavtars » comme des « joibours » (bourgeois). Pourtant, ils sont nombreux à rêver secrètement de s'y installer un beau jour…

> « Mes darons (parents), ils économisent tous les mois 50 eu (euros) pour construire un pavtar, t'inquiète, dans un siècle, les fondations seront terminées ! »

RABZA

Verlan sophistiqué de Arabe désignant tout habitant originaire du Maghreb mais aussi une petite épicerie ouverte sept jours sur sept jusque très tard dans la soirée, autrement appelée « L'Arabe du coin ». **Variante:** rabzouz, hanout (marchand d'épices au Maghreb).

> « Je descends chez le rabza acheter des chips et de la 8.6 (bière fortement alcoolisée) et après, on s'enjaille (on prend du bon temps) dans ma caire (chez moi). »

RUCHE

C'est un terme qui fait du quartier un « cocon » régi par la solidarité et la fraternité.

> « Dans ma ruche, mes frelons (potes), ils sont doux (cools), ils matent pas les meufs de la série Le Miel et les Abeilles, ils aident les tipeus (petits) à faire leurs devoirs. »

TER-TER

Abréviation fleurant bon le béton de territoire. Désigne, avec une forte identification, la cité ou un morceau (rue, barre, dalle…) de la cité. Souvent employé pour qualifier l'endroit où se déroule le trafic de drogue mais aussi tout ce qui vient de la rue (« le son du ter-ter » pour dire le rap, « la poésie du ter-ter » pour dire le slam…). **Variantes :** rainté (verlan de terrain), téci, tess, TS, té (verlans de cité), tiékar, tieka, tiek, tieks, tiekson (verlans de quartier), zone, ghetto.

> « Je représente le ter-ter depuis ma naissance, mais dès que j'ai de la fraîche (argent), je m'esquive du ghetto et je m'exile aux States. »

T´AS LE LOOK, COCO !

•

Les jeunes des cités soignent leur style. Question mode, ils ont souvent une longueur d'avance.

AFFUTAx

Adjectif caractérisant, dans certaines cités de Seine-Saint-Denis, le jeune qui est « à l'affût » des nouveautés du *streetwear*, la mode vestimentaire de la rue, attiré en particulier par les « futes » tendance. Un individu « affutax » est donc branché, propre sur lui, nickel.

> « Avec tes peusas (sapes en verlan) à la Booba, t'es big affutax, man, dommage que tu ne sois pas aussi bien gaulax (gaulé). »

BOUGZER

De *boug*, un type en créole, affublé d'un « –zer » qui vient de « zermi », verlan de misère employé pour décrire les conditions de vie difficiles dans la cité. Un « bougzer », expression *made in* 9-5 (Val-d'Oise) et 9-1 (Essonne), est un gars de la *street* (de la rue). Son portrait-robot ? Un Black au look bling-bling, reconnaissable à ses habits flashy, ses cheveux teints en blond ou rouge (avec, si possible, une crête sur le sommet et des motifs sculptés sur les côtés), ses diamants aux oreilles, son piercing à l'arcade sourcilière et ses talents de danseur de coupé-décalé.

> « Le bougzer, comment il est top stylé, moi, à côté, je suis une mauvaise imitation, j'ai que du falsch (contrefaçon). »

ÊTRE REFAIT

Porter des fringues fraîchement sortis des rayons, présenter un nouveau look tape-à-l'œil qui témoigne d'une certaine aisance financière. **Variantes :** être repeint, être chargé, être au max.

> « Elles sont carrées (top) tes peupons (pompes en verlan), t'es refait, t'as kidnappé Armani ou quoi ? »

ÊTRE SAPÉ COMME UN SONAC

Un « sonac », appelé aussi « foyerman », est un résident de foyer pour travailleurs migrants géré par la société Sonacotra rebaptisée aujourd'hui Adoma. Son look est, évidemment, loin d'être sa priorité… L'expression « être sapé comme un sonac », qui a connu son apogée dans les années 1990 et qui n'est plus utilisée actuellement que par les « anciens » (c'est comme ça qu'on qualifie les trente-naires et les quadragénaires dans les cités!), signifie être fagoté comme un as de pique, c'est-à-dire mal habillé.

> « Tu sais ce que c'est un entretien d'embauche de commercial ? Parce que là, t'es sapé comme un sonac, le recruteur, il va te prendre pour un golri (rigolo). »

ÊTRE SOIN

Locution ciblant toute personne, garçon ou fille, soignant son allure. Le verbe « se soigner » est, lui aussi, tendance. Nul besoin d'être malade pour l'exploiter. L'expression est mise à contribution lorsqu'on prend soin de soi, même quand on soulage des plaisirs basiques: par exemple, si pour étancher ma soif, je m'achète une canette de soda, on peut dire que « je me soigne ». **Variantes :** avoir le leusti (verlan de style), avoir la seucla (classe en verlan), faire son beau gosse, être frais (ou fraîche), avoir le bon ice, être une piécette (mec ou nana qu'on ne trouve nulle part ailleurs, unique).

> « Avec ton brushing de présentateur du 20 heures et ton starco (costard en verlan) à la Beckham, t'es trop soin. »

JOJO

Diminutif de Jordan, de son prénom Michael, basketteur américain de légende des Chicago Bulls qui a donné son nom à une non moins célèbre paire de baskets, les Air Jordan, de la marque à la virgule. Dans les cités fans de NBA, les ados chaussés de « Jojo » marquent forcément des points. **Variante :** des Danjor (Jordan en verlan).

> « Sérieux frérot, tu préfères tes schlaps (chaussures) à scratchs de chez Tati ou mes Jojo qui blessent (déchirent) ? »

LV

Sigle de Louis Vuitton, maison française de maroquinerie de luxe, qui séduit les lascars. Il faut les voir parader le samedi du côté du quartier Châtelet-Les Halles à Paris avec leur sac en bandoulière « LV ». Le plus souvent, c'est du *falsch* (faux dans la langue de Goethe), du *fake* (faux dans la langue de Shakespeare), de la contrefaçon achetée pour quelques dinars ou dirhams l'été au bled.

> « T'as la même ceinture LV que moi, t'aimes trop pep's (copier, de pépon, verlan de pomper) en fait, espèce de photocopieuse ! »

RALPH-LAU

Un « Ralph-Lau » est un frimeur des barres HLM qui s'habille avec des vêtements et accessoires de marque coûtant une fortune, notamment Ralph Lauren, et qui tient à le faire savoir en exhibant les logos.

> « Un pantalon Dolce + Gabbana, un tee-shirt Guess, des lunettes de soleil Ray-Ban, ce timal (gars), c'est un Ralph-Lau, j'en fais l'homme-sandwich du ghetto. »

RATAL

Employé comme adjectif, le mystérieux « ratal » signifie « trop bien », « qui déchire ».

> « Petit enculé (mon pote), j'ai trop cramé (adoré) ton polo Lakdar (Lacoste), il est ratal ! »

RORO

Comme tout ce qui flambe et qui permet de flamber, le « roro », verlan de or avec redoublement de syllabe, fait « kiffer » certains rappeurs et leurs milliers de fans qui, eux, n'ont généralement que le mot… à la bouche, devant se contenter du simple plaqué. **Variantes :** joncaille, jonc.

> « C'est pas avec ce que je prends (gagne) en service civique que je vais pouvoir taper (acheter) la montre en roro. »

SE LA RACLER

Se la raconter, frimer. En faisant croire qu'on est un bad boy ou une bad girl ou en fanfaronnant avec son nouveau téléphone portable, sa nouvelle coupe de cheveux, son nouveau sweat à capuche… **Variantes :** jouer le mec (ou la meuf) wanted, faire son coin-coin.

> « Tu te la racles grave avec ta mèche à la Justin Bieber, t'as été embauché dans son clip, cousin ? »

LES POTES, C´EST LA FAMÍLLE

Les jeunes des cités vivent souvent en vase clos dans leur quartier, en contact permanent avec leurs potes, qu'ils retrouvent au pied des immeubles. Sacralisés, les copains et copines méritent bien tous les surnoms du monde.

BESTAH

Association de *best*, meilleur et de « a », première lettre du mot « ami », le tout suivi d'un « h » venu de nulle part. « Bestah », c'est, à l'âge de l'adolescence, plus souvent la meilleure copine que le meilleur copain.

> « Ashley, c'est ma bestah, c'est ma sista (dérivé de sister, sœur), je peux dead (mourir) pour elle, c'est pas comme toutes ces grosses lâcheuses ! »

BOUG

Type, gars, homme en créole. Il a donné naissance à son *alter ego* féminin, « bouguette », qui, elle, n'est pas originaire des Antilles mais est une pure invention des cités de la métropole. **Variantes :** gadjo et raklo (d'origine tzigane).

« Les Quinreus (Requins en verlan, baskets avec bulles d'air dans les semelles) du boug, elles sont trop énervées (stylées). »

CHECK

Manière de se saluer en entrechoquant les paumes, poings et doigts (façon « tape-m'en cinq » ou « give me five »), mais aussi les épaules pour les plus virils. Ce salut aux gestes codés s'inspire de l'univers des rappeurs américains. Au pays de l'oncle Sam, cette technique du serrage de pinces remixé se dit *shake* (*to shake hands*, serrer la main) mais s'est métamorphosée en « check » en traversant l'Atlantique. Employé comme nom (masculin) ou comme verbe (qui ne se conjugue pas).

« T'es tigen (gentil en verlan) le colibri (petit comique) du 16e, t'enlèves tes moufles avant de me check. »

CLIQUE

Désigne le clan, pas toujours désintéressé, qui gravite autour du rappeur star, et plus généralement la bande d'amis jusqu'à la mort. Très utilisé, en français dans le texte, par les rappeurs américains de la côte ouest (ceux de la côte est disent *crew*), qui ont ainsi influencé leurs *brothers* de l'Hexagone. En banlieue, ce substantif se sépare rarement de l'adjectif possessif (ma clique, ta clique…). **Variantes :** *crew*, *team*, *possee*.

> « Avec ma clique, je suis toujours en mode *good trip* (bonne humeur), la bonne ambiance quoi, j'arrive à lâcher facile des seize (dans le jargon du rap, couplet de seize mesures). »

DARON

Incontournable à la maison, c'est le papa, celui qui incarne l'autorité. Peut-être issu de l'ancien français *daru* signifiant fort, ce nom masculin a désigné au fil de l'histoire le gardien de cachots au Moyen Âge, le maître de maison au XVIIe siècle, le tenancier de cabaret et de bordel au XIXe siècle, le patron dans l'argot du XXe siècle et donc désormais le chef de famille. Employé au pluriel, il renvoie aux parents. Ainsi, « mes darons » sont synonymes de « mes vieux ». Quant à la « daronne », c'est tout simplement la… meuf (femme) du daron ! **Variante :** dar (contraction de daron).

> « Même pas je lui montre mon carnet de notes
> à mon daron, il va direct me refaire la mâchoire
> devant la principale. »

FRÈRE

Quand il s'agit de « mon frère » dans le sens de « mon
pote », ça ne vaut franchement pas la peine de s'arrêter
sur ce nom, en principe, masculin. En principe seulement,
car – et c'est là que ça devient intéressant – on entend
parfois « ma frère » (plutôt que « ma sœur ») lorsqu'une
fille interpelle sa copine !

> « Ma frère, pour la résoi (soirée en verlan), fais
> péter les talons à Rachida (Dati) sinon on va se
> faire tej (jeter en verlan) par le physio (physio-
> nomiste, videur de boîte de nuit). »

FROLO

Dérivé de frère, dans le sens de pote, ami. « Frolotine »
tente une percée chez les filles. **Variantes :** frérot, frelot,
frelon, frangin, ginfr (verlan raccourci de frangin), poto,
mogo (issu du nouchi, argot ivoirien).

« Ce soir, frolo, sisi la famille (marque d'affection), on se pavane (on se fait plaisir) sans se fighter (se battre), tu vois ce que je veux dire ? »

GAVA

Gars en javanais, code argotique apparu dans l'Hexagone au milieu du XIXe siècle qui consiste à intercaler dans les mots les syllabes « va » ou « av » afin de les rendre incompréhensibles aux non initiés.

« Tous les gavas avec un mic (micro, prononcez *mike*) sont des kickeurs (bons rappeurs), ils savent envoyer du lourd, du son qui kill (qui tue, qui déménage). »

KAFASS?

Formule interrogative qui prend un raccourci linguistique pour demander soit « Quoi de neuf ? », soit « Qu'est-ce que tu fais ? » **Variante :** « C'est quoi les bails ? »

« Kafass, ça dit quoi, ça se passe dans l'espace (ça va) ? »

> « Kafass, tu viens chauffer la console chez moi, vas-y, j'ai l'écran plasma de folie ! »

KARDESH

Frère en turc. « Kardesh » gagne du terrain car il rime parfaitement avec « wesh » (ça va) ! Aux puces de Saint-Ouen, dont toute une allée fait la part belle à la « sape de la rue », des tee-shirts avec inscrit en lettres capitales le slogan « Wesh kardesh » font passer le message.

> « À ce qui paraît, le mot frérot c'est passedé (verlan de dépassé), maintenant, faut dire kardesh pour être dans la vibe (à la mode). »

NÉGRO

À condition d'être dit par un Black à un autre Black, ce terme est dénué de toute connotation raciste et injurieuse. Il offre au contraire, dans le sens de « mon frère », de « mon poto », une note affectueuse et respectueuse. C'est l'équivalent de *Nigger* ou *Nigga* aux États-Unis, sobriquet très populaire dans les rues du Bronx et de Harlem à New York. « Négro » a donné naissance au diminutif « gro », généralement écrit « gros », qui veut dire exactement la même chose. Lancée en Seine-Saint-Denis, cette interjection s'est aujourd'hui largement répandue et dépasse sa dimension ethnique.

> « Wesh négro, bien ou quoi (ça va, la forme)? »

> « Eh, gro, tu peux me dépann' (dépanner) des lovés, vite?
> — Vas-y, demain (cours toujours), mon blaze (nom), c'est pas Ibra (surnom de Zlatan Ibrahimovic, buteur vedette du PSG)! »

RAKLI

D'origine tzigane, « rakli » désigne la fille. C'est l'équivalent féminin de « raklo », le garçon. **Variantes :** gadji et gavali (tous deux d'origine tzigane), gazelle, chou (d'origine antillaise), zesse (de gonzesse), rate, djogo, tchaï, paille.

> « La rakli, elle fait trop sa meuf avec son maquillage genre je suis une grande, mais en fait, elle pachave (dort) encore avec un doudou Hello Kitty. »

SOSS

Diminutif affectueux d'associé, « soss » (comme ses variantes orthographiques soc, soce, sauce) est synonyme de pote, meilleur copain et précédé le plus souvent d'un « mon » très possessif. Nul besoin de signer un contrat ou de faire des affaires avec son « soss », c'est le cœur et la fidélité qui décident de ce statut. **Variante :** mon gars sûr.

> « Vas-y mon soss, fais néner (tourner) les cornes de gazelle, on n'est pas bien là, en djellabah, tranquille le chat ? »

TiMAL

Désigne l'Antillais de métropole, mais c'est aussi un mot gentil pour dire « mon frère », « mon gars ». **Variante :** moaka.

> « Le timal, il a méfu la ketmo (fumé la moquette), je disais rien, je jugeais pas et là, hop, il m'a tchipé (petit bruit de bouche pour dénigrer son interlocuteur). »

WESH MORRAY? ....

Popularisée par le rappeur Booba, c'est l'expression en vogue pour se saluer. « Wesh morray ? » signifie « Comment ça va, mon pote ? » « Morray », qui s'écrit aussi avec un seul « r », était à l'origine employé par les gitans pour dire « mec » ou « frère ».

> « Wesh morray, ienb ou ienb (bien ou bien), wouah tu t'es fait la boule (tu t'es rasé la tête, par extension : t'as la classe) ? »

Vingt salutations façon « Wesh ? »

Wesh, « quoi » en dialecte algérien, est utilisé à tout bout de champ en banlieue pour se saluer, pour demander « Comment vas-tu, mon pote ? ». Les jeunes des cités de la « génération wesh-wesh » ne manquent pas d'imagination pour personnaliser l'interjection. La preuve par vingt !

Wesh ma gueule ?, **Wesh ma couille ?**, **Wesh ma couillasse ?**, **Wesh ma caille** (de « caillera », verlan de racaille) **?**, **Wesh mon poto ?**, **Wesh la famille ?**, **Wesh mon couz'** (cousin) **?**, **Wesh mon pote à la compote ?**, **Wesh canne à pêche ?**, **Wesh yougo ?**, **Wesh mon soss** (associé) **?**, **Wesh frérot ?**, **Wesh zoulette** (zoulou) **?**, **Wesh le boss ?**, **Wesh kardesh** (frère en turc) **?**, **Wesh gros ?**, **Wesh bien ou quoi ?**, **Wesh timal** (frère en créole) **?**, **Wesh ça se passe dans l'espace ?**, **Wesh salope ?** (si si, c'est amical et ça s'adresse à un garçon !).

LA CITÉ, TON UNIVERS IMPITOYABLE !

•

Les relations entres jeunes sont loin d'être un long fleuve tranquille. Qui aime bien châtie bien. Alors on passe son temps à se chambrer, à se vanner, à se rabaisser. Ce n'est pas méchant… au départ. Jusqu'au moment où ça dérape, où l'on s'insulte et parfois même où l'on se « tatane ».

AFFICHER

Il y a de la revanche dans l'air ! « Afficher » quelqu'un, c'est, après avoir généralement subi ses mesquineries, lui « foutre la honte » en public, devant un parterre de potes. Pour laver son honneur de façon optimale, autant que tout le monde soit au courant, un peu comme si on avait placardé des affiches de sa cible partout dans le quartier.
Variante: foutre la zermi (misère en verlan).

> « Tu m'as mis à la porte comme un sale deurvi (videur de boîte de nuit), regarde bien les panneaux, je vais t'afficher, t'as vu (tu comprends) ? »

AMBIANCER

Ce verbe ne témoigne généralement pas d'une bonne intention. « Ambiancer » quelqu'un, c'est l'influencer mais plutôt dans le sens de manipuler, le pousser à faire quelque chose dont il n'a pas envie. À ne pas confondre avec « s'ambiancer », synonyme de s'amuser. **Variante :** retourner le cerveau de quelqu'un.

> « Tu sais quoi, ça se voit trop que tu veux m'am-biancer, ton bizgo (business) aux îles Caïmans, j'y crois zap (pas en verlan). »

BALTRINGUE

Insulte pour qualifier un bon à rien, un peureux, un lâche, un ringard. Nom masculin à l'origine, il a changé de sexe ces dernières années le long des barres pour devenir « une baltringue ». Le qualificatif, qui peut aussi être adressé à titre tout à fait amical, est un bon moyen de piquer au vif son pote pour l'inciter à faire quelque chose qu'il n'aurait pas osé entreprendre s'il n'avait pas été traité de la sorte.

> « Fais pas ta baltringue, t'es né un jour férié ou quoi, y'avait personne à l'hôpital quand ta mère a accouché ? »

L'ovni bolos

Presque tout monde désormais le connaît, mais personne ne sait réellement d'où il vient. Le mot « bolos », apparu il y a une petite décennie dans les chansons des rappeurs du Val-de-Marne avant de franchir le périph' il y a quatre ans, désigne le bouffon, le boulet, le ringard, le peureux mais aussi le naïf sans repartie que l'on peut facilement arnaquer. À l'origine, il s'adressait au client pigeonné lors d'un deal de drogue (de là sont nées les expressions « faire un bolos » ou « bolosser quelqu'un », c'est-à-dire le racketter, le voler). Dans tous les cas, le « bolos » (réduit parfois à « los ») est une victime, un bouc émissaire. L'étymologie de ce néologisme reste une énigme.

Cet ovni linguistique est-il le dérivé d'un dialecte africain ou de l'argot hexagonal, du verlan, une pure invention ? Plusieurs pistes sont avancées mais aucune ne semble satisfaisante. « Bolos » pourrait être le contraire de beau gosse ou plutôt « bogoss » dans l'orthographe des ados. Ou bien la contraction de « bourgeois » et « loser ». À moins qu'il ne soit inspiré de la monnaie bolivienne, le boliviano, ou « bolo », qui, dans l'imaginaire du jeune des cités, ne vaut pas un kopeck. Certains linguistes, enfin, se demandent s'il ne serait pas le verlan raccourci de « lobotomisé », le « bolos » ayant la méchante réputation d'avoir un morceau de cerveau en moins !

CASS**O**S

Ce n'est pas parce que c'est le diminutif de cas social qu'il a un père qui s'est suicidé, une mère au chômage, un grand frère en taule, des grands-parents alcooliques… Insulte des Temps modernes, le « cassos » (souvent écrit « K-sos ») incarne le boulet généralement martyrisé par ses camarades. Personnage aux multiples facettes, c'est, pêle-mêle, celui qui ne capte pas une blague parce qu'il est « limite retardé mental », qui fait le beau avec un pull Jacquard tricoté par sa daronne (mère), qui propose d'aller dans les « cages » quand il manque un gardien de but, qui n'a jamais embrassé une fille, qui ne sait pas de quoi on cause quand on dit « 14-18 » ou « 39-45 ». Bref, le cassos, c'est celui qui fait pitié.

> « Kevin, c'est un cassos, il s'est tapé des barres de rire (s'est marré) tout seul en matant *Les Vacances de l'amour* sur **NT1**. »

CREVARD

Deux sens à ce nom masculin dérivé du verbe « crever » et qui, dans les cités, n'est ni une personne malingre ni un affamé : d'un côté, il désigne un individu sans le sou, toujours prêt à marchander ou à quémander (une « garo », une cigarette, par exemple) mais qui, rassurez-vous, n'est pas à l'article de la mort ; de l'autre, un égoïste, un radin ou un individualiste. Dans les deux cas, « crevard » se dit avec un ton dédaigneux limite insultant. **Variante :** vare-creu (« crevard » en verlan).

> « C'est un crevard, s'il était aussi stock (baraqué) que Michael Phelps, il irait au bled à la nage ! »

> « Fais pas ton crevard, arrête de me taxer tous mes Tic Tac ! »

DONBI

Il ne faut accorder aucun crédit à un « donbi » puisqu'il est bidon. Donc, on ne s'y attarde pas…

> « Ton soi-disant kissman (mec bien) de Bezbar (Barbès en verlan), en fait, c'est un donbi, il sert vraiment à rien. »

DOSSIER !

Réplique en plein boom qui remplace le « Oh, la honte ! » Cette exclamation s'emploie seule lorsque, subitement, une personne du groupe en apprend des vertes et des pas mûres sur l'un de ses camarades.

> « — À ce qui paraît, Nathan, il a flashé sur la prof de maths, il lui a mis un mot doux dans son casier.
> — Dossier ! »

La réplique qui tue

« Tu vois, le monde se divise en deux catégories: ceux qui ont un pistolet chargé et ceux qui creusent, toi tu creuses. » Voici l'une des répliques cinématographiques les plus connues en banlieue que certains costauds n'hésitent pas à dégainer pour rabattre le caquet de leur interlocuteur. Elle est issue du western avec Clint Eastwood, *Le Bon, la Brute et le Truand*, signé Sergio Leone, film culte dans nos cités, sur un pied d'égalité avec *Scarface* de Brian de Palma, avec Al Pacino dans le rôle du trafiquant de drogue Tony Montana.

GAZER

Sur les terres officielles des tchatcheurs, « gazer », autrement dit casser, charrier, tailler son pote, est un sport national qui peut s'avérer dangereux quand l'un des participants se sent humilié. Les dérapages verbaux conduisent ainsi assez vite aux dérapages physiques. **Variante:** être en mode guillotine.

> « Touche-moi pas gros gueudin (dingue en verlan), t'as tellement pas arrêté de me gazer en mode kalach' qu'on m'appelle maintenant le Prince de la loose! »

GOUMER

S'embrouiller, se battre mais aussi faire la peau à quelqu'un.

> « Le gros tartare (fou), il a voulu défier le sisgro (verlan de grossiste, fournisseur des dealers) en lui disant "Va jouer sur l'autoroute", ben, il s'est fait goumer, normal. »

KFT!

Abréviation fantaisiste de « Quelle Fin Terrible », le « q » ayant été remplacé par un « k » parce que « ça glissait mieux » justifie-t-on à la cité Émile-Dubois d'Aubervilliers (Seine-Saint-Denis) où est née l'expression. « KFT! » est employée de manière isolée quand on apprend une nouvelle qui n'est pas bonne mais qui n'est pas non plus dramatique : un permis raté ou une note à l'école proche de zéro. **Variante :** noire l'histoire !

> « J'ai explosé ma chicot sur un os d'aileron de poulet au KFC.
> — KFT ! »

METTRE À L'AMENDE

C'est dominer largement son adversaire jusqu'à le rabaisser plus bas que terre, dans le cadre d'une « baston », d'une discussion ou d'une compétition sportive. Une correction qui doit servir de leçon et qui fait ainsi office de contravention.

> « Ils ont voulu me clasher (s'en prendre à moi verbalement) mais je les ai mis viteuf (vite fait) à l'amende en distribuant les balayettes (croche-pieds). »

OH LE GOSIER !

Exclamation qui met fort mal à l'aise pour faire savoir à son interlocuteur(trice) qu'il(elle) a mauvaise haleine. **Variantes :** t'as un flow de ouf, tu tefouè (verlan de fouette).

> « Oh le gosier, sûr que je taperai jamais l'incruste dans ta chebou (bouche) avariée! »

StAÏVE

Dérivé de « stavie », lui-même issu de « C'est ta vie », ce mot répond, de manière brutale, au récit jugé inintéressant d'un interlocuteur qui raconte sa vie. **Variantes:** c'est ta life; cool ta vie, tu veux un biscuit?; cool ta vie, tu veux un cookie?

> « Ma reum, elle a fait le couscous pour fêter le permis de ma reus (sœur en verlan).
> — Staïve, t'as envie de décrocher la palme d'or du blablabla ou quoi? »

StEAK

C'est la petite tape derrière la tête pour chambrer plus que pour violenter, celle que l'on ne voit pas venir et qui incite à la riposte graduée susceptible de dégénérer. **Variantes:** steakette, chiquette.

> « Mais ferme ta bouche de poucave (balance),
> pourquoi t'as dit à l'arbitre que je t'ai mis un
> steak, FDP (fils de pute). »

TRIMARD

Élève intellectuellement limité mais ne rechignant pas à la tâche ; il n'est jamais récompensé de ses efforts. Le « trimard », du verbe « trimer » – travailler à une besogne pénible – bosse dur au « bahut », harcèle son prof de questions à la fin du cours sans réussir pourtant à décrocher la moindre bonne note. Il devient ainsi la risée de ses camarades, parfois même le martyr.

> « Ce trimard, il a levé le doigt dix millions de fois
> pendant le cours genre "Moi je sais, madame",
> mais à l'interro, il s'est pécho (choper) une bulle. »

VUITASSE

Alternative totalement mystérieuse à « C'est ta vie », cette interjection est apparue du côté de Fontenay-sous-Bois (Val-de-Marne) et de Montreuil (Seine-Saint-Denis). **Variante :** remballe ta caisse.

« Tu sais que le mot le plus long en céfran (français), c'est anticonstitutionnellement ?
— Vuitasse, cousine ! »

GUERRE DES SEXES

•

Les rapports entre garçons et filles sont tendus dans les cités. La gent masculine, qui veut tout régenter, a vite fait, à travers son vocabulaire, de « cataloguer » la gent féminine (qui peine à riposter) et de l'enfermer dans des clichés plus que sexistes.

AVOIR UN BAIL

À ne pas confondre avec « faire ses bails », c'est-à-dire trafiquer. « Avoir un bail » avec un garçon ou une fille, c'est avoir une touche, un plan, un rancard. On n'en est pas encore à la conclusion et aux premiers bisous, mais c'est bien parti pour !

> « Grâce à mon swag (style) intergalactique, j'ai un bail avec cette meuf dans sa casbah (maison). »

CAGOULE

La « cagoule » ne coiffe pas seulement la tête des braqueurs… Dans le sens de préservatif, elle protège les jeunes des maladies sexuellement transmissibles.

Variantes : potca (capote en verlan), gumschwi (chewing-gum en verlan).

> « J'ai un milliard de cagoules en stock, tu sais, moi, je flashe sur tout ce qui bouge comme le radar en zone 30 de Choisy-le-Roi. »

CHIMIQUE

Adjectif employé pour désigner un garçon ou une fille aux réactions bizarres comme celles qui peuvent se produire dans un tube à essai lors d'un cours de chimie au lycée avec non-respect des consignes professorales ! **Variante :** sticmi (verlan de mystique).

> « Ta reum (mère), elle est trop chimique, elle me fait la morale comme si c'était Pascal le grand frère, le gadjo (mec) de la télé, là. »

CRASSEUSE

Il n'est pas question d'hygiène. Dans l'univers hyper macho de la cité, la « crasseuse », victime d'une « sale réput' », souvent de la rumeur aussi, est la fille vulgaire infréquentable prétendument facile, sorte de « Marie-couche-toi-là du ghetto ». C'est la « meuf » que l'on salit parce qu'elle est sexy, porte un décolleté et une minijupe. **Variantes :** khanzette (de l'arabe *khanez* signifiant crasseux, puant), tcheubi (verlan de *bitch*, salope en anglais), neuché (chienne en verlan), tagasse.

> « C'est une crasseuse avec son pom-pom short (très court comme celui des pom-pom girls) qui moule grave son boule (ses fesses). »

DALLEUX

Obsédé ayant « la dalle » de sexe, le « dalleux » ambitionne de sauter sur tout ce qui bouge, mais ne conclut que sur un… malentendu, donc quasiment jamais ! Quand il drague une fille, ce lourdingue qui s'affranchit des codes de la séduction tombe rapidement dans la vulgarité.

> « Clair c'est un dalleux, il m'a fait un clin d'œil, lui avec moi, mais même pas en rêve ! »

FATOU

Une « Fatou », diminutif du prénom africain Fatoumata, est une adolescente des cités d'origine africaine qui a un faible pour les extensions de cheveux multicolores et qui a adopté le langage « zyva » des garçons. Pour se sentir plus forte, elle traîne en bande avec ses copines du quartier. Un « Fatou clan », surnommé aussi FFF (Fédération de fatous flinguées) est un gang d'une dizaine de « Fatous » qui ne se quittent jamais et qui, reines de la provoc', sont capables de régler leurs comptes à coups de poings avec les filles de la cité d'à côté. **Variantes:** niaf, niafou.

> « Aminata, elle a trop géchan (changé en verlan), maintenant, elle fait la Fatou qui met un CP (coup de pression, dans le sens d'intimider) aux keums. »

fRAPPE

Nom féminin qui désigne la jolie « meuf » ou le beau « keum ». **Variantes:** peufra (frappe en verlan), belle gosse, beau gosse.

> « Ce gadjo (garçon), c'est une frappe de ouf, il ressemble trop à Olivier de chez Carglass qu'on voit dans la pub, tu sais? »

HLEL

La « hlel » (ou *halal*, qui signifie licite en arabe) est une fille musulmane qui est vierge et dont le cœur est à prendre pour toute une vie. Amateurs de conquêtes d'un jour, s'abstenir !

> « Elle, c'est ma hlel, si je fais pas ma life avec elle, la vie de ma mère, c'est qu'on m'a jeté l'aïn (le mauvais œil) ! »

MICHTO

Abréviation de « michtonneuse » (prostituée occasionnelle), ce mot qualifie une jolie fille vénale qui séduit et pigeonne les hommes pour profiter de leur richesse et donc se faire entretenir. **Variante :** starfuckeuse.

> « Je lui ai offert une gueuba (bague), puis nachave (elle s'est enfuie) la go (fille), en fait, ma princesse, c'était une michto ! »

PRISONNIÈRE

C'est une fille sous l'emprise de sa famille, enfermée non pas dans une maison d'arrêt mais à la maison tout court. Son père et ses grands frères lui interdisent les sorties, craignant qu'elle ne tombe amoureuse d'un garçon, qu'elle ne soit influencée par ses copains ou qu'elle ne fasse de mauvaises rencontres. **Variante:** zonzonnière (de zonzon, la prison).

> « Zorah, c'est une prisonnière, elle est obligée de mitonner (mentir), de dire à son daron qu'elle va au soutien scolaire pour pouvoir aller kérave (embrasser) son gazou (chéri). »

SCHNECK

Nom féminin désignant l'organe sexuel féminin et, par extension, les filles. « Avoir de la schneck », c'est – désolé pour la vulgarité – « avoir de la chatte », donc de la chance. **Variante:** choune (mot qui, lui aussi, a donné l'expression « avoir de la choune » pour « avoir de la chance »).

> « Je vais m'éclipser en bac pro gestion-administration, c'est fait pour oim (moi), là-dedans, y a trop de la schneck ! »

SERRER

Voici toute la brutalité masculine qui s'exprime en six lettres! « Serrer » une fille, c'est la draguer, la séduire, ou directement conclure. « Se faire serrer », en revanche, n'est pas une partie de plaisir, puisque c'est se faire arrêter par la police. **Variantes :** ser (diminutif de serrer), pécho (verlan de choper).

> « Il prenait tellement de râteaux qu'on l'appelait Nicolas le Jardinier mais depuis qu'il a fait péter la R8 (Audi sportive de prestige), il en serre des donzelles, ce bâtard. »

SKEUD

Fille maigrichonne sans « eins » (seins en verlan) ou presque, plate comme un « skeud », un disque en verlan. **Variantes :** carte bleue, fax, CD-Rom, sque (de squelettique), bâtonnet, Findus, planche, cure-dent.

> « C'est pas que j'aime les belettes style Pamela à la plage mais les skeuds, sérieux, c'est pas ma came. »

TCHOUTCHS

Ils font causer et surtout fantasmer les garçons! Les « tchoutchs » désignent les seins. **Variantes:** airbags, bzazels (seins en arabe maghrébin), gros robertos (de « roberts », mot d'argot classique pour qualifier la poitrine).

> « Du lourd de chez lourd, chouf (regarde) les gros tchoutchs, c'est du 100 % bio, pas du sillicone à la *Secret Story*! »

TOAST

Verbe allergique à toute conjugaison signifiant sortir avec une fille, l'embrasser, voire plus si affinités. On n'est pas là dans la routine, c'est toujours un moment solennel, un peu comme quand on porte un toast…

> « On s'est capté (rejoint) à la Pizza Pino sur les Champs et là, dans la poche, j'ai toast, prendre un zef (vent), c'était trop pas possible. »

TSCHOIN

Nom féminin issu d'un mot d'argot ivoirien signifiant putain. Comme la « crasseuse », l'adolescente ainsi cataloguée traîne une réputation de fille facile et devient la tête de Turc de ses camarades, qui vont jusqu'à placarder sa photo légendée d'insultes sur la Toile. **Variantes :** taspé, tass et tatass (verlans de pétasse), tainpu, tainp et tainps (verlans de putain), tapin.

> « Ils ont décrété que c'était une tschoin et ils l'ont lynchée sur Boobook (Facebook), heureusement, y'a Fadela de Ni putes ni soumises qu'a dénoncé l'affaire dans *Le Parisien* ! »

ZOULETTE

Pendant féminin du « zoulou », ambassadeur du mouvement hip-hop à ses débuts, devenu par extension synonyme de nana de banlieue, la « zoulette » est désormais un terme péjoratif pour qualifier la « meuf » qui se la joue petite racaille. Les rappeurs, Rohff et Booba en tête, l'ont élevée au rang d'insulte suprême : dans leurs « clashs » (affrontement verbal entre rappeurs par médias interposés), ils se traitent de « zoulette » dans le sens de « femmelette ».

« On kiffe le *free-fight* (sport de combat où tous les coups sont permis) et on fait nos dièzes (notre business) comme nos reufs (verlan de frères), on est des vrais zoulettes ! »

« Charly le Chauve, c'est une zoulette, il est en sang (il panique) dès qu'il croise le boss de la street (le chef de bande). »

LA VOITURE, MON AMOUR

•

Quand elle « envoie des chevaux », la « bagnole » fascine dans les cités. Les dingues du *tuning* s'en donnent à cœur joie pour la customiser et ensuite parader bruyamment.

CHOUPETTE

Enfin un petit mot tout mignon dans ce monde de brutes ! « Choupette », dans certains quartiers, n'est pas synonyme de « chérie », mais de « petite bagnole » loin d'être neuve, une « carcasse » (vieille voiture) qu'on va acheter d'occas' avec les moyens du bord dès qu'on a décroché le permis. C'est aussi la star d'un remake hollywoodien sorti en 2005 du film *Un amour de Coccinelle* : une Volkswagen reléguée à la casse qui inspire les lascars de nos banlieues, qui l'eût cru ?

> « Si t'as pas l'oseille pour le Hummer, t'arriveras bien à choper une choupette à la casse de Bobigny. »

FAIRE PÉTER LES BOOMERS

Pour les adeptes du *tuning*, nombreux dans les quartiers, c'est transformer son coffre de voiture en boîte de nuit mobile en installant des *boomers* (autrement appelés *subwoofers*), des caissons de graves qui distillent du « gros son ». **Variante:** mettre du bon gros sub.

> « T'as fait péter les boomers, y'a plus de place dans le coffre, je la mets où la valise de liasses ? »

GAMOS

Le « gamos » est une voiture puissante. Sans certitude aucune, certains disent que ça vient du grec *gamos* qui signifie mariage. Le rapport? Eh bien, lors de noces, les caisses rutilantes sont de sortie dans la cité. « Gamos » est aussi utilisé par les garçons pour désigner une fille à forte poitrine, « bien chargée » au niveau des « airbags ».

> « Ouvre le capot de mon gros gamos, tu vas voir, dans la Merco (Mercedes), c'est l'hippodrome de Longchamp ! »

GROS FER

Il fut une époque pas si lointaine dans les cités où il désignait toute arme à feu. Mais les temps changent et, désormais, le « gros fer », mot issu du nouchi, l'argot de rue
ivoirien, qualifie la puissante cylindrée à quatre roues.

> « Mon frère, il carbure à la flambe, tu l'aurais vu
> sur la dalle dégainer son gros fer, trop vif, la
> Porsche Cayenne GT ! »

GUEZ

Merguez qui a été charcutée, ce nom féminin désigne une
« caisse » volée, maquillée puis remise en circulation avec
la carte grise d'un véhicule détruit. **Variante :** doublette.

> « La caisse de Mouloud, c'est une guez, faut qu'il
> bombarde (fonce) s'il voit un gyro (gyrophare
> des policiers). »

VAGO

C'est le nom féminin, issu du romani, qui circule dans la cité
pour qualifier la voiture. Attention, son verlan « gova »,

lui-même réduit en « gov », débarque en trombe ces derniers temps. **Variantes :** turevoi et turve (verlans de voiture), brouette.

> « Lâche le volant de ma vago, tu vas la cartoucher (avoir un accident), déjà que t'as explosé la machine du Code de la route avec tes trente-cinq fautes ! »

ACCROS AUX ÉCRANS

•

Quand les branchés des cités ne s'affrontent pas aux jeux vidéos, ils échangent sur les forums de la Toile ou les réseaux sociaux. Avec, évidemment, leurs mots à eux.

CLIQUEUR

Appartenant à la clique des drogués d'Internet, il passe ses journées à cliquer sur les vidéos en ligne, en particulier celles du site Youtube et de clips de rappeurs. **Variante :** clic-clic.

> « Je suis un cliqueur de la première heure, faudrait qu'on me saucissonne pour que je lâche l'ordi. »

COLLOF

Abréviation avec prononciation à la frenchy du jeu vidéo de guerre *Call of Duty* qui fait un malheur auprès des ados des quartiers.

> « Mon billet que je te fume (je te corrige) à Collof, je vais te zlataner (dominer), t'arriveras jamais à toucher mon level (à atteindre mon niveau). »

CYBER

Le (ou la) « cyber » est branché(e), il (elle) raconte sa « life » sur son blog et les réseaux sociaux, possède le dernier smartphone, collectionne les amis sur Facebook, c'est une sorte de geek des cités, très populaire sur la Toile comme à l'école d'ailleurs. Par extension, le mot est devenu synonyme de beau (belle) gosse un peu frimeur(se) sur les bords qui connaît (quasiment) la Terre entière.

> « Le gros cyber, il a le Berryblack (verlan de Blackberry) de James Bond et plus de potos (amis) sur FB (Facebook) que Lady Gaga. »

FIFATER

Jouer au célèbre jeu vidéo de football Fifa 13 avec ses potes.

> « On va tâter la Play (abréviation de Playstation, console vidéo), on va fifater toute la nuit, sur le pied droit de Benzema (la vie de ma mère), je vais tous vous mettre votre race (vous battre). »

KEVIN

Un « Kevin » désigne, de manière péjorative, le néophyte, généralement âgé de moins de 16 ans, sur les forums de la Toile qui irrite par ses remarques puériles, mais aussi le joueur inexpérimenté de jeux vidéos en réseau comme *World of Warcraft*.

> « Lui, c'est un Kevin, sur le forum Blabla 15-18 ans, il m'a demandé cash de balancer mes codes Facebook. »

PLM

Rien à voir avec la ligne historique de chemin de fer Paris-Lyon-Marseille. C'est l'abréviation de « Passe La Manette » utilisée quand, lors de parties endiablées de jeux vidéos, il y a davantage de joueurs dans le salon que de manettes.

« *Game over* mon frère, y t'a mis 6-0, vas-y PLM, arrête de squatter la 360 (abréviation de la console Xbox 360), t'as pas la tactique. »

LES MOTS
(ET EXPRESSIONS)
QUI FONT RIRE

•

Il existe un humour propre aux jeunes des cités que l'on pourrait qualifier de cash et de métaphorique, avec un sens de la formule inégalable.

À L'ANCIENNE

Peut-être ont-ils été inspirés par les pots de moutarde… à l'ancienne ? Quand les grands frères des cités sont gagnés par la nostalgie, ils mettent du « à l'ancienne » – locution qui veut dire « quand on était petit », autrefois, comme au bon vieux temps – à toutes les sauces. Dans la bouche des plus jeunes, ça signifie plutôt vieux, voire ringard.

> « Tu te rappelles quand on allait au bled à l'ancienne, avec la 504 bâchée. »

> « Ton survêt' en peau de daim genre peau de phoque, il est à l'ancienne, tu le loues à ton *dje-dou* (grand-père en arabe)? »

À LA ZEUB

Expression signifiant vite fait, bâclé, à l'arrache. **Variante:** à la one again bistoufly.

> « C'est une vanne à Toto, là, c'est quoi ce taf (travail) à la zeub, vas-y saute par la fenêtre (dégage)? »

ALLER AU tiRE-FESSES

On n'est pas aux sports d'hiver mais devant un distributeur automatique de billets. « Aller au tire-fesses », c'est retirer de l'argent. Pourquoi cette image? « Ben, parce qu'à chaque fois, ça nous fait mal au cul de sortir notre carte bleue », métaphorise-t-on dans le 9-3, à Aubervilliers précisément, là où a été conçue la formule.

> « *Je suis à oilpé* (à poil en verlan), j'ai plus une roupie pour m'acheter des sketbas (verlan de baskets), faut que j'aille au tire-fesses. »

AU CALME

Souvent employé en fin de phrase, c'est le témoignage d'un état de satisfaction à un instant précis, synonyme de tranquille, cool, relax. Il s'impose comme l'équivalent francilien du « à la bien » marseillais. **Variantes:** tranquille pépère, tranquille le chat.

> « Pourquoi vous m'accusez, m'sieur, j'ai pas pu taguer le bureau de la CPE, j'étais avec ma meuf (copine) devant le portail, au calme. »

AVOIR LE TCHERNOBYL

Quand on « a le Tchernobyl », c'est qu'on est malade, fatigué, éclaté, donc qu'on n'est pas au mieux de sa forme, sans pour autant que ce soit une catastrophe. **Variante:** avoir le karyan (bidonville en arabe marocain).

> « Tu me parasites (saoules) avec tes histoires simplettes à la père Castor, j'ai trop le Tchernobyl! »

ÇA FAIT ZIZIR

C'est le mot plaisir qu'on assassine! Techniquement, on appelle ça une aphérèse (perte du premier phonème) couplée à un redoublement de syllabe. Concrètement, ça donne « zizir ». Si « ça fait zizir », comme le chantait Diam's dans « La boulette », c'est que ça fait chaud au cœur.

> « J'avais niqué tout mon bénef (dépensé tous mes revenus) mais Mokrane, mon pote bylka (verlan de kabyle), il m'a pas catalogué (jugé), il m'a avancé de la thune, ça fait zizir. »

ÇA PASSE CRÈME

Si « ça passe crème », c'est que tout roule. L'expression remplace les démodés « Ça le fait », « C'est nickel » et autres « C'est impec »! C'est aussi la version « wesh-wesh » du grand classique: « comme dans du beurre ».

> « Je te jure que ton tatouage dans le cou, ça passe crème, mais maintenant, si t'as vraiment les boules, ma sœur, arrache-toi au bowling, ha ha ha! »

ÇA SENT LA DOUILLE

Quand « ça sent la douille », celle d'une cartouche d'arme à feu, c'est que la situation est explosive, qu'il y a soit de la bagarre à l'horizon, soit un risque d'arnaque. Dans les deux cas, il faut se méfier ! **Variante :** ça sent l'embrouille.

> « Quand ça sent la douille, ma poule, je dé-boule, mais t'inquiète, avec moi, ça part jamais en couille ! »

C'EST BAVON

« C'est bon » en javanais, cette drôle de langue codée parlée il y a plus d'un siècle par des jeunes Parisiens et qui consiste, notamment, à ajouter « av » après chaque consonne. Expression utilisée pour dire que « c'est cool » et, plus encore, que « c'est génial ». **Variantes :** c'est bav, c'est doux, c'est frais, c'est de la balle, c'est de la bombe de balle, c'est pété, c'est archi.

> « C'est bavon, le prof, il est absent toute la se-maine, il est en formation *Tenue de classe* pour apprendre à nous gérer. »

C'EST GHETTO ....

Si « c'est ghetto », c'est pas cool du tout, ceux qui habitent dans une cité ignorée des institutions, à l'écart du centre-ville et des transports en commun, peuvent en témoigner. L'expression qualifie une situation, une personne ou un objet qui est naze, démodé, ridicule… **Variantes :** c'est vinch, c'est flingué, c'est en mousse, c'est feyeh.

> « Mon avenir, c'est ghetto, *choukrane* (merci en arabe) la conseillère de désorientation (la conseillère d'orientation est ainsi appelée dans les quartiers par ceux qui ont, un jour, été envoyés en BEP chaudronnerie alors qu'ils détestaient les travaux manuels) ! »

C'EST TON DOS ....

Locution qui veut dire la même chose que « C'est ta vie », mais en plus drôle.

> « La daronne de mon daron (ma grand-mère donc), elle a un lumbago…
> — C'est ton dos ! »

CHAUDARD

Chaud devant! Voici « chaudard », la dernière alternative en banlieue au mot « grave », utilisé, lui, toutes les deux secondes par des millions d'ados. Rien à voir avec un chaud lapin, encore moins avec le sergent chef Chaudard interprété par Pierre Mondy dans la trilogie de la *Septième Compagnie*. Chaudard, c'est une manière de renforcer l'adjectif qui le précède dans le sens de « trop ».

> « Il est chaudard ouf (fou), il a tenté le *wheeling* (rouler sur la roue arrière en moto) devant les deks (policiers)! »

EN DEUX-DEUX

Synonyme de très rapidement et vite fait. Exécuter une chose « en deux-deux », c'est y arriver en moins de deux, en deux secondes, deux formules qui ont sans doute inspiré l'expression. À moins qu'elle ne trouve son origine dans le verlan de *speed*, « deuspi », qui, transformé par un bègue friand de raccourcis, devient « deu-deu » puis « deux-deux »! **Variante:** viteuf.

> « Le peucli (le clip), on l'a réalisé en deux-deux avec un Caméscope pourrave, c'était la galoche (galère), le keum qui filmait, il avait deux de tension ! »

ÊTRE BÉTON

L'expression est finement pensée. « Béton », c'est tomber en verlan, mais c'est aussi ce qui fait tenir les murs. Si « je suis béton », c'est que « je suis tombé », condamné à un séjour prolongé entre quatre murs, c'est-à-dire en prison.

> « Laisse béton, ne l'appelle pas, il répondra pas, il est béton, ton poto (pote), c'était un BB (abréviation de braqueur de bagnoles). »

ÊTRE DANS UNE FRÉQUENCE

Quand on est dans une fréquence, c'est qu'on ne capte plus rien, qu'on est dans un « méchant délire », qu'on a « les fils qui se touchent » et qu'on est ainsi devenu méconnaissable aux yeux de ses proches. **Variantes :** être dans une Matrix, craquer.

> « Faut qu'elle décolle du bitume (sorte de la cité, s'aère la tête), en ce moment, elle est dans une fréquence. »

ÊTRE LARGE

Inutile de porter une taille XXL, ce qui compte, c'est juste le poids du porte-monnaie. « Être large », c'est être plein aux as, « blindé de thunes ».

> « Les mecs qui sont larges, qui peuvent cracher du blé à Cli-Cli (puces de la porte de Clignancourt à Saint-Ouen), moi, je les flaire et j'en fais mon affaire. »

ÊTRE MADE IN CHINA

Méchante injure adressée à la demoiselle qui manque de naturel, qui a de faux ongles, de faux cheveux, de faux seins, un faux bronzage, bref une « fille de pacotille » à l'image de certains produits fabriqués en Chine…

> « Ta mère la caissière, arrête de me regarder en diagonale (de travers), tu fais la belle avec tes Louboutin mais t'es *made in China*, ma sœur ! »

À la mode des « en mode »

Les expressions « être en mode », « passer en mode », « se mettre en mode » suivies d'un nom, d'un adjectif ou d'un groupe de mots permettent de décrire son état d'esprit à l'instant T. Vous n'avez rien compris à ce concept syntaxique? Normal! Et avec des exemples?

Si **« je me mets en mode crevard »**, c'est que j'économise mon argent.

Si **« je suis en mode igloo »**, c'est que je suis trop bien dans ma tête ou que je suis bourré.

Si **« je passe en mode beau gosse »** ou en **« mode Île de la tentation »**, c'est que j'ai décidé de draguer ou d'aguicher.

Si **« je suis en mode t'inquiète »**, c'est que je maîtrise la situation.

Si **« je suis en mode blazé »** ou en **« mode *bad trip* »**, c'est que je suis déprimé.

Si **« je suis en mode sérieux »**, c'est que je ne plaisante pas.

Si **« je me mets en mode furtif »**, c'est que j'ai quelque chose à faire en cachette.

Si **« je suis en mode panique »**, c'est que je suis stressé.

Si **« je passe en mode intello »**, c'est que que je m'apprête à réviser mes leçons.

Si **« je suis en mode gros kiff sur Dylan »**, c'est que je suis amoureuse de lui.

ÊTRE TROP UNE FRAÎCHEUR

Quand une fille lance à une autre: « T'es trop une fraîcheur », c'est qu'elle lui reproche d'accorder trop d'importance à son look jusqu'à flirter avec la vulgarité, de se la « jouer starlette » avec tout un tas de mimiques et un maquillage abusif. À ne pas confondre avec l'expression « T'es fraîche », qui signifie « t'es belle » mais aussi, dans le cerveau d'un macho-lourdeau, « t'es bonne ».

> « Quand elle va chiner des infos (demander des renseignements) au bureau du prof, on dirait Zahia qui défile, c'est trop une fraîcheur. »

ÊTRE UNE ANGOISSE

C'est un mal qui se soigne sans médicament, juste en se taisant! Quand on dit à une personne qu'elle « est une angoisse », c'est qu'elle stresse, qu'elle gonfle et donc qu'elle est cordialement invitée à se réfugier dans le silence. **Variante:** parasiter quelqu'un.

> « Crois-moi pas si tu veux, l'animateur de la MJC, c'est une angoisse, il dit toujours que le monde appartient à ceux qui se lèvent tôt. »

FAIRE CRARI

Méfiez-vous des imposteurs ! Quelqu'un qui « fait crari », c'est quelqu'un qui fait semblant, qui se donne un genre. Employé seul, souvent en début de phrase, « crari », mot aux origines obscures, signifie soi-disant, prétendument, à l'instar de son cousin arabe, *zarma* ou *zerma*. **Variantes :** faire genre, faire son mito, faire style, faire belhani (prononcez *belrani*).

> « Tu fais crari ou quoi, tu peux pas être raide love (amoureux) de ce tocard en bermuda ! »

> « Crari le mec, il a pas assez de lovés (d'argent) pour m'offrir un cheese, en vrai, il claque son biff (argent) dans le *tuning*. »

FAIRE LE CROQUEUR

Celui qui « fait le croqueur » sur un terrain de foot, c'est celui qui ne passe jamais la balle à ses coéquipiers et ne pense qu'à dribbler ou celui qui rate l'immanquable devant le but adverse. **Variante :** faire le mangeur.

> « Comment y m'a végas (gavé en verlan avec ajout d'un « s » qui fait classe comme Las Vegas) Mamadou, pendant 90 minutes, il s'est mis en mode perso, il a fait le croqueur. »

GARDE LA SCHWEPPES

Hommage des quartiers à la boisson pétillante, sans raison aucune si ce n'est que le mot est rigolo, cette formule veut dire la même chose que « garde le moral », « garde la forme ». Elle s'inspire très fortement de l'expression « garde la pêche » adressée d'ordinaire aux « frères » en prison, à l'occasion d'un parloir ou *via* des chansons de rap ou des émissions de radio. **Variante :** garde la gouache.

> « Garde la schweppes, fais pas genre je suis de la DDASS, mon zincou (cousin), c'est Rémi sans famille ! »

GRATTER L'AMITIÉ

S'attirer la sympathie de célébrités, de personnes aisées, de meneurs d'une bande que l'on souhaite intégrer, voire d'un simple camarade, en leur cirant les pompes.

> « Viens pas gratter l'amitié, t'es pas de Bassens (cité du 14e arrondissement de Marseille), vas-y, on se rappelle (bouge). »

J'AVOUE, J'AVOUE!

C'est l'équivalent d'un « oui oui » d'acquiescement. Ainsi, quand on avoue deux fois, on valide ce qu'exprime l'interlocuteur. Mais, attention, il ne s'agit aucunement de passer aux aveux, de se confesser, de battre sa coulpe. **Variante :** sisi !

> « T'as une mentalité de voyou, toi !
> — J'avoue, j'avoue, tout ça, c'est *haram* (interdit), faut que tu m'aides à retrouver le droit chemin. »

METTRE UNE DISQUETTE

Pour saisir toute la poésie de la métaphore, il faut d'abord se souvenir de l'époque des vieux ordinateurs dans lesquels on introduisait une disquette. Imaginez que l'ordinateur soit remplacé par un postérieur et, là, inutile de vous faire un dessin, ça fait mal! « Mettre une disquette » à quelqu'un, c'est l'escroquer, lui faire un sale coup, mais c'est aussi lui raconter des salades, l'enfumer. Les « disquetteurs » sont, eux, les rois du bobard et de la « carna » (verlan de arnaque). **Variantes:** mettre une clé USB, une carotte, une biture, une courgette, un chou; glisser une petite quenelle; la mettre à l'envers.

> « Ta sonnerie payante *Piou le poussin*, je pouvais en fait la télécharger gratos, sérieux, tu m'as mis une disquette, là! »

METTRE UNE PIQÛRE

L'anesthésie est ici verbale et non médicalisée. « Mettre une piqûre » à quelqu'un, c'est vouloir l'endormir, l'embobiner.

« Il me prend pour un paquet de chips (il me sous-estime), il veut me mettre une piqûre, je vais le masser (frapper) moi! »

S'EN BALEK

Formule abrégée de « s'en battre les couilles », nettement plus directe et grossière que l'argotique « s'en tamponner le coquillard », c'est-à-dire « s'en foutre ». **Variantes :** s'en battre les yeucous, les yeucs (verlans de couilles), les glaouis (même chose mais avec l'équivalent arabe), les yankees, les reins, les steaks, les cacahuètes.

« Depuis que je suis à HEC, je suis obligé de raser les murs de la tess (cité), les rageux (jaloux) me traitent de sale intello mais je m'en balek. »

SORTIR DU FRIGO

Être bien dans sa tête, dans sa peau, dans ses fringues. Forcément, après un séjour dans le bac à légumes, on est « frais », c'est-à-dire cool en anglais! **Variantes :** être frais, être *so fresh*.

> « Je gonfle les pecs, je vais marauder (traîner) dans le tiékar (quartier), je suis à l'aise, normal, je sors du frigo. »

TALiGAt?

Dans certains quartiers de Montreuil (Seine-Saint-Denis), on parle portugais comme… une vache espagnole! À la fin des phrases est apparu ces dernières années le mot « taligat? » pour dire « tu comprends? » Ce n'est ni du sabir ni du charabia mais une déformation de l'expression portugaise *ta ligado?* qui signifie « tu me suis, là? ». Une formule entrée dans le langage de la jeunesse grâce aux fictions brésiliennes *La Cité de Dieu* et *La Cité des hommes*. Ce film et cette série, qui tournent en boucle dans les cités hexagonales, racontent le quotidien d'un bidonville de Rio de Janeiro sous la coupe des gangs et des narcotrafiquants. Dans les versions originales, *ta ligado?*, omniprésent, ne pouvait pas échapper aux oreilles des fans de l'autre côté du périph', qui ont personnalisé l'expression avant d'en être les colporteurs dans leurs blocs.

> « **Arrête de pénave (parler) pour tchi (rien), de faire le mec wanted (qui se la joue), taligat ?** »

TOUSSA tOUSSA

Rien à voir avec la toux! En fin de phrase, « toussa toussa », qui pourrait se traduire par « et tout et tout » ou « bla-bla-bla », est la version longue d'un etc., donc l'équivalent de trois petits points… Le rappeur Disiz lui a dédié un titre de chanson.

> « Depuis que j'ai fini de manger la gamelle (je suis sorti de prison), je kiffe trop la night, je zouke, je fais mon MC (abréviation de Maître de Cérémonie, rappeur chevronné) avec les meufs, toussa toussa. »

TU FANES!

Ce n'est pas du langage de fleuriste mais une façon de faire savoir à son interlocuteur qu'il saoule, qu'il tape sur les nerfs. Le verbe « faner » a aussi donné naissance aux expressions « c'est fanant » ou « ça fane » pour dire que c'est énervant. Si « je suis fané », c'est que je suis très énervé et que la faute incombe au « faneur ». **Variantes** : tu me brises les yeucous (couilles en verlan), tu me fous la mort, t'es un empoisonneur (ou une empoisonneuse).

> « Tu fanes à la longue, t'es trop sticmi (mystique en verlan, bizarre), vas-y range ton corps (dégage)! »

VLA

22, vla le « vla », trois lettres qui valent « beaucoup ». « Vla » donne, en effet, comme un coup de fouet au nom ou à l'adjectif qu'il précède, en signifiant plein (« il a vla des soucis ») mais aussi très ou grave (« je suis vla déprimé »).

> « Ma sœurette, elle a tapé vla de la caillasse (elle a gagné beaucoup d'argent), elle est tradeuse à la City, là-bas, à Londres, y'a pas de cisras (racistes en verlan). »

YOU CASSE YOU PAY

Généralement, quand on confie les clés de sa caisse à un pote, on le prévient: « Tu casses, tu paies! » Sur la dalle d'Argenteuil, on a choisi de se démarquer en anglicisant l'expression, transformée en « You casse you pay », qui est devenue le nom d'une marque de *streetwear* vendue à Cli-Cli (puces de Clignancourt à Saint-Ouen), carrefour francilien de la mode de la rue.

« Tu dis toujours "Pas de blème (problème), je gère la fougère", mais là, je te préviens, c'est une Féfé (Ferrari) alors you casse you pay. »

LES MOTS
DU TRAFIC

•

La drogue et les armes, mais aussi la police qui lutte contre tous ces trafics ainsi que la prison, sont des sources inépuisables d'inspiration pour les « cailleras » des cités et tous ceux qui vivent à leurs côtés dans la légalité.

AK

De AK-47, l'autre nom de la Kalachnikov, fusil d'assaut russe privilégié par les gros truands des cités pour mener à bien leurs braquages et leurs règlements de comptes. L'arme, généralement en provenance des Balkans, s'achète sous le manteau entre 750 et 2 000 euros. **Variante :** kalach'.

> « **T'exiges** que je pose mon **AK** alors que tu m'as maravé (frappé), mais tu me prends pour une merguez (un abruti) ! »

AQUARIUM

Pour les gros comme les petits poissons interpellés par la « volaille » (les poulets), c'est un passage obligé. L'« aquarium », dans le jargon policier comme dans celui des bad boys des cités qui y ont un jour séjourné, est une cellule de garde à vue, dénommée ainsi en raison de ses grandes vitres. Quand on dit qu'on est « dans l'aquarium », c'est donc qu'on est en « gardav ». **Variante :** être mis en zone.

> « Le schtroumpf (policier), je lui ai dit "Vas-y, calme-toi, va voir ton marabout." Et hop, direct dans l'aquarium, c'est le *mektoub* (destin en arabe). »

BIBI

Il n'en a pas l'air mais c'est bien un verbe. Diminutif de « bicraver », « bibi » signifie vendre (toutes sortes de marchandises, même légales) mais est surtout utilisé dans le sens de dealer. **Variante :** faire du biff (argent, de biffeton, billet) en lousdé (en douce).

> « Qui c'est qui bibi ses lolos (kilos) de shit pour nourrir les gentils potos (potes) ? Eh ben, comme toujours, c'est bibi ! »

BRELIC

Verlan fantaisiste de calibre, ce nom masculin aux orthographes multiples et avec parfois un « o » à la place du « e » (brelique, brolik, brolic, brolique…), désigne une arme de poing, un pistolet ou un revolver donc. Il a engendré le verbe « broliquer », utilisé dans deux sens : « je suis broliqué » signifie que je suis armé, mais « il m'a broliqué » veut dire qu'il m'a braqué. **Variantes :** gun, puschka.

> « J'ai briqué mon brelic, je te préviens, avec mon 9 (un 9 millimètres), ça va iech (chier) des bastos (balles). »

CHARBONNEUR

De l'expression « aller au charbon », travailler dur, il qualifie, le vendeur de drogue au « boulot », généralement dans les halls d'immeubles, toujours prêt à déguerpir *illico* en cas d'alerte par les guetteurs, les « choufs ».

> « Pour ton cinq-vingt (vingt-cinq en verlan, poids en grammes de résine de cannabis), passe pas le matin à la ZUP, le charbonneur, il récupère de sa nuit de bicrave (à dealer). »

CHARGER LE COFFRE

Employée par les dealers, cette expression signifie dissimuler de la drogue dans le coffre d'une voiture.

> « Charge le coffre, mon gars sûr (frère), n'oublie pas les outils (les armes) et mets les gaz, en route pour le fast-go (verlan de go-fast, qui consiste à remonter de la drogue à grande vitesse depuis l'Espagne généralement, dans des bolides). »

CHTAR

Le mot « policier » n'a pas droit de cité dans les quartiers. La banlieue lui préfère largement les appellations du passé. Issu du vieil argot, « chtar », signifiant aussi la prison et le vilain bouton d'acné sur la face, doit probablement son existence à une mauvaise prononciation du nom « jettard ». Celui-ci qualifiait autrefois la salle de police et le cachot. Les « chtars » regorgent de synonymes. Ils sont, par exemple, à mettre dans le même panier (à salade) que les condés. Ce mot d'argot a fait irruption au milieu du XIXe siècle et désignait, en ce temps-là, le commissaire de police comme le simple agent de sécurité.

Variantes : les arhnouch (serpent et flic en arabe), les schmitts, les pigeons, les coqs, la volaille, les babylones, les farceurs, les trompettes, les schtroumpfs, les bleus, les cops (argot de policier en anglais), la poulaga (dérivé de poulet), la flicaille, la fliquance, les flicards, les mouches, les chicken spots, la milice, les coys, les tchoys, les Robocops (pour les CRS uniquement), les nuggets, les colboks, les lardus (flics en vieil argot), les dulars (verlan de lardu), les klistos (gendarmes en romani), les pus.

« Il a fait le P4 (le fou, au temps du service militaire obligatoire, un réformé P4 était celui qui était dispensé d'armée pour fragilités psychologiques), quand les chtars ont pointé le ballflash (verlan de flashball), il leur a montré son uc (cul) ! »

ÊTRE DANS LE GAME

On ne parle pas là de jeux vidéos mais de jeux interdits : le trafic de drogue, la contrebande de garetsis (cigarettes en verlan), les magouilles en tous genres. Quand on est « dans le game », c'est qu'on a rejoint le côté obscur et qu'on gagne sa vie en s'investissant dans des activités plus ou moins réprimandées par la loi. **Variantes :** être dans la place, être dans la partie.

> « Depuis qu'il est dans le game, il rêve de porter le terrain (être à la tête du business), mais bientôt il finira à Bois-d'Ar (maison d'arrêt de Bois-d'Arcy) ou entre quatre planches. »

ÊTRE DÉTER

Signifie à la fois être prêt à tout, même à risquer sa vie, dans le sens de déterminé, et être défoncé, déchiré après avoir consommé de la drogue ou des quantités déraisonnables d'alcool.

> « Je suis déter comme Dexter pour le casse-bel (braquage à la voiture bélier). »

> « J'ai trop forcé sur la paki (résine de cannabis), je vois des petits hommes verts avec une traquema (matraque en verlan), je suis déter. »

ÊTRE ENFOURAILLÉ

Être armé. L'expression vient du fourreau, étui de protection d'un sabre ou d'une épée. Mais aujourd'hui, au temps des braqueurs ayant grandi « dans le ciment » comme on dit, c'est plutôt un Glock (marque autrichienne de pistolet) ou un Uzi (pistolet mitrailleur israélien) qu'on porte. Le verbe « défourailler » signifie, lui, dégainer, sortir son arme. **Variante:** être calibré.

> « Je suis enfouraillé comme un Yougo (les Serbes contrôlent une partie du trafic d'armes à destination des cités hexagonales), on va pouvoir monter sur un braco (braquage) à Bériz (Paris en arabe). »

ÊTRE RODAVE

Souriez, vous êtes filmé, écouté, espionné! « Être rodave », c'est être sous surveillance policière.

> « Y'a pas qu'à la salle de muscu que j'ai un casier, alors forcément, à cause de mon pedigree, je suis rodave, d'ailleurs, big up (bonjour) aux RG qui m'écoutent. »

FAFS

De « fafiot », papier en vieil argot, les « fafs » correspondent aux papiers d'identité que les jeunes des cités sont régulièrement amenés à présenter aux forces de l'ordre, ce qui s'apparente parfois à du contrôle au faciès. À ne surtout pas confondre avec les FAF (acronyme signifiant France aux Français), les « fachos ».

> « J'avais rien à voir avec la courave (bagarre) mais j'ai quand même eu droit au petit contrôle quotidien de mes fafs. »

FAIRE DU SALE

C'est entreprendre une action en ayant recours à la violence, en faisant preuve d'une brutalité qui suscite l'indignation.

> « Il est venu le test (le chauffer, le défier) dans la cour et après, le haineux, il a fait du sale, il lui a cassé la bouche (gueule). »

FAIRE LE VATOS LOCOS

Jouer au gros dur prêt à tout, se prendre pour un gangster. Du nom d'un gang de rue de Los Angeles en action dans le film américain sorti en 1993, *Les Princes de la ville*, qui a eu un certain écho dans les cités.

> « Ne me parle pas comme ça, tu peux pas rivaliser,
> je vais te pare-choquer (frapper) si tu t'entêtes à
> faire le Vatos Locos avec moi. »

FAIRE SES BAILS

Ah ça, ce n'est pas… « baux »! Car nul besoin de signer
un contrat pour « faire ses bails », faire des affaires, le plus
souvent en marge du Code de commerce. Dans les cités
de l'Essonne, en particulier celles d'Évry, on revendique
l'invention de l'expression. **Variantes:** faire ses dièzes
(ou djèses, diez, djez, djeez…), faire du bizzgo ou faire du
sness (business).

> « Laisse-moi faire mes bails, fais pas le faux frère
> (le traître) sinon je vais te suriner (poignarder)
> avec un *mouss* (couteau en arabe) de boucher! »

FAIRE UN CHROME

Avancer une quantité de drogue à un consommateur
et récupérer l'oseille plus tard. L'expression a élargi son
champ ces dernières années en sortant du cadre exclu-
sif des stups' pour signifier « faire crédit », que ce soit

pour un kebab au snack du coin ou pour de l'herbe qui fait rire et pleurer.

> « Allez, tiens, demi-portion, tu fais tiep (verlan de pitié), je fais un chrome mais la prochaine fois, t'es réglo, tu balances le caramel (l'argent). »

HEBS

Mot arabe signifiant prison. « Être au hebs » (le « h » aspiré se prononce très fortement), c'est donc se retrouver derrière les barreaux, « bouffer la gamelle ». **Variantes :** chtar (terme également utilisé pour désigner le policier), rechta (« chtar » en verlan), carpla (verlan de « placard »), ballon (allusion à la montgolfière, une fois qu'on est dedans, impossible de s'échapper, on est condamné à rester dans la nacelle), Alcatraz (du nom de la célèbre prison située sur une île en baie de San Francisco), calèche (vieil argot qui désignait jadis le véhicule conduisant les voyous en prison), zonz (de zonzon), rate (de ratière, employé surtout à Lyon et dans sa banlieue), gnouf.

> « Filou, t'es pas près de le revoir sur le play-ground (terrain de basket), il vient de prendre dix piges aux assiettes (assises), il est au hebs à Ryfleur (maison d'arrêt de Fleury-Mérogis). »

KISDÉ

Verlan légèrement traficoté de « déguisé » pour définir le policier en civil. Comme tout va très vite dans la tchatche des lascars, « kisdé » a lui-même été verlanisé en « deski », « zdek » et « dek ». **Variantes :** vilci (verlan de « civil »), keuf déshabillé.

> « Le kisdé, je l'ai pas vu venir, il m'a mis direct les gourmettes (menottes) lors de la perquiz (perquisition), il croit que c'est comme ça que je vais m'allonger (avouer). »

KRYPTON

Consommateur de drogue venant régulièrement s'approvisionner chez les dealers de la cité qui n'hésitent pas à l'arnaquer. Si les jeunes d'Ivry et de Vitry (Val-de-Marne) lui ont donné le nom de la planète d'origine de Superman, c'est pour bien montrer qu'il n'est pas du même monde qu'eux et donc qu'il doit en payer le prix fort ! **Variante :** schlag.

> « C'est grâce aux kryptons si je charbonne (deale), je veux bien leur gratter de la neutu (thune en verlan) mais moi, je les bâche (frappe) pas ! »

MATOS

Kit indispensable pour rouler un joint comprenant tabac, cannabis et papier à cigarette également appelé « yeuf », feuille en verlan. **Variantes :** tosma et tos (verlans de matos).

> « Déboule vite ma couille avec le matos, mon daron (père), il est à la squémo (mosquée) et ma daronne, elle squatte la réunion de l'association des femmes médiatrices. »

MEUMEU

Aucun rapport avec la drôle de boîte qui fait meuh quand on la retourne. La « meumeu » vient de « meuca », verlan de came, drogue dure en argot. **Variantes :** feuchnou (verlan de « chnouf »), mort aux rats, dreupou (verlan de poudre), cess, CC, C, coco et neige (cocaïne).

> « Je veux d'abord test ta meumeu, tu me files un meuj (verlan de gramme) et si c'est bav (bien), je t'assure de belles transacs (transactions). »

MODOU

Mot signifiant « marchand ambulant » en wolof (langue la plus parlée au Sénégal), il désigne un dealer de crack, la « drogue du pauvre ». Terme plutôt employé dans la capitale, là où les modous écoulent le plus leurs doses, ainsi que dans la proche banlieue parisienne.

> « Il est en grève le modou du 20-1 (19e arrondissement de Paris), je suis grave en galère de caillou (morceau de crack) ? »

MONDEO

Nom féminin désignant la BAC, la brigade anticriminalité et ses agents, référence à la Ford Mondeo, voiture utilisée par cette unité de la police nationale patrouillant notamment dans les quartiers sensibles. **Variantes :** keuba (BAC en verlan), la RKY, la RGN… (lettres affichées sur la plaque d'immatriculation des véhicules banalisés de la BAC que les jeunes ont repérées et mémorisées !)

> « Je me suis fait aplatir (interpeller avec pla-
> quage au sol) par la Mondeo, j'étais le gnou (proie)
> du jour du bacman. »

NIAKSOU

Joint de shit (résine de cannabis) ou de « beuh » (herbe
en verlan). **Variantes :** niak, tarpé, spliff (argot anglo-américain), apérospliff (joint à l'apéro), zdar, sbah, zdeh, tah,
buzz, pilon, bédo, perse, jeffrey, calicot, kick, frolo, pecos,
calumet, oinj (verlan de joint), keusti (verlan de stick, petit
joint), blunt, cône, don, bob.

> « Tire pas comme aç (ça en verlan) sur le niaksou,
> gros relou (lourd en verlan), t'es un toxo (toxico-
> mane) ou quoi ? »

PEUFRA

La « peufra », verlan de frappe, correspond à du shit jugé
de bonne qualité. **Variantes :** peuf, seum (poison, venin
en arabe), patate, pure.

> « Pour choper de la peufra, sahbi (mon ami), faut
> qu'on trace direct à Meuda (Amsterdam). »

PORTE-CHAUSSETTES

Sobriquet, un brin méprisant, décerné au surveillant de prison, le maton. **Variantes :** porte-clés, chouf.

> « Avec mon co (abréviation de codétenu) aujourd'hui en valca (verlan de cavale), le porte-chaussettes, on l'a jamais calculé. »

POUCAVE

Aux yeux des « leurdis » (verlan de dealer), c'est l'ennemi public numéro un, le traître à abattre parce qu'il a la langue bien pendue. Mot d'origine tzigane, la « poucave » (ou « poukave »), indic de la police, risque gros si elle est démasquée. Par extension, le terme désigne aussi l'élève qui dénonce ses camarades au professeur. Dans les cités, les tee-shirts à la gloire de la « BAP-Brigade antipoucave » se taillent un joli succès. **Variantes :** pouk, pouki, didic (de indic), chouk (très courant à Lyon et sa banlieue), spy (espion en anglais), lanceba (balance en verlan).

> « Baisse d'un ton, ici, les murs ont les oreilles à Dumbo, y'a trop une armée de poucaves. »

REURTi

Verlan de tireur, il désigne le voleur à la tire, le spécialiste des pickpockets qui a une attirance pour les smartphones et tout ce qui brille vu le cours très attractif de l'or ces derniers temps.

> « Le reurti de 12 ans, il a péta (taper en verlan, voler) des portables dans le train, lui, avant d'être majeur, c'est le train qu'il chouravera (volera). »

SE FAIRE TRiCARD

Être pris en flagrant délit par la police. Par extension, c'est se faire griller, gauler, cramer. En classe, un tricheur qui lorgne sur la copie de son voisin peut ainsi « se faire tricard » par la prof. **Variante :** se faire flaguer.

> « Il s'est fait tricard en train de bébar (voler, verlan de barber) un larfeuille (portefeuille), cette fois, ça lui a servi à rien de courir plus vite qu'Usain Bolt. »

SOUM

Diminutif de sous-marin, surnom donné au véhicule banalisé de la police permettant de réaliser des planques pour, entre autres missions, tenter de démanteler les trafics.

> « Elle est trop zarbi (bizarre en verlan) cette camionnette taguée, toc-toc-toc, y'a des condés (des policiers) dans le soum ? »

TCHERNO

Ce n'est pas radioactif, plutôt chimique. Du « tcherno », diminutif de Tchernobyl, c'est du shit (résine de cannabis) dit « commercial », de très mauvaise qualité, coupé avec du plastique, du caoutchouc, du détergent, du mastic, de la paraffine, du cirage… **Variantes :** pneu, caille, com (de commercial).

> « Comment il a fait la hyène (le malhonnête), il nous a refourgué du tcherno, si je le coince, il va la lâcher la moula (nous rembourser). »

ZEUDOU

Verlan de douze, quantité, en grammes, de résine de cannabis (shit) vendue couramment aux consommateurs.

> « Avec un zeudou, tu peux exploser (rouler) combien de zdehs (joints) ? »

LES MOTS
DES RAPPEURS

•

Les rappeurs sont les meilleurs ambassadeurs des mots et expressions 100 % banlieue, qui nourrissent copieusement leurs rimes. Dans leurs chansons, certains en inventent même, qui se retrouvent ensuite dans les conversations quotidiennes de leurs *aficionados*.

BLAZE

> « Tu sais que les bavards bavent sur mon blaze,
> blaguent sur mon blaze et à la base,
> j'en suis blasé »
> (YOUSSOUPHA, « ÉTERNEL RECOMMENCEMENT »)

Désigne l'identité d'une personne. Ainsi ressuscite, avec un sens identique, un mot du vieil argot de la fin du XIXe siècle, lui-même sans doute issu de « blason », qui, à travers notamment les armoiries, définissait l'ensemble des emblèmes d'une famille de la noblesse. Dans les films des années 1950 et 1960, « blaze » était un élément incontournable de la verve des truands avant de disparaître de la circulation. Il a fallu, ô miracle!, la tchatche des « zyvas » pour redorer son blason.

BORD

> « T'es mon bord bébé, girl,
> t'es love de moi, ne fais pas genre »
> (ZIFOU, « T'EST MON BORD »)

Petite copine qu'on ne veut plus lâcher d'une semelle par crainte d'en être dépossédé. **Variantes:** ma chouch, mon petit ach (verlan de chat).

BSAHtEK!

> « Diplômé de la street, mention bsahtek! »
> (BOOBA, « FUTUR »)

Bravo, félicitations, mais aussi « à ta santé » en arabe. À tous les coups, il s'accompagne d'un point d'exclamation.

COMICO

« Le comico, c'est pas la colo.
Va pas jouer les GI's si t'es pas fiable »
(NEMIR, « FREESTYLE »)

En voilà un qui porte très mal son nom. Le « comico » n'a en effet rien de comique puisqu'il s'agit du commissariat de police. **Variantes** : stepo (poste en verlan), poulailler.

CROUILLE

« Range ton feu sous la chemise
du costard, crouille »
(SEFYU, « ALL BLACKS »)

Vieille injure raciste pour qualifier un Maghrébin, ce terme change totalement (et heureusement) de sens sous la plume de rappeurs influents (dont Seth Gueko et Sefyu, la star d'Aulnay-sous-Bois), devenant alors un amical frère, cousin, poto. Une sorte de retour aux sources pour ce nom féminin qui, sur le plan étymologique, vient de l'arabe *khouya*, « mon frère ».

DANS MA WERSS ....

> « Dans ma werss, on lâche tout,
> dans ma werss, où que je sois je suis,
> dans ma werss, laissez-moi crever »
> (ROHFF, « DANS MA WERSS »)

Pure invention du rappeur de Vitry-sur-Seine, Rohff, « dans ma werss » signifie dans mon univers, dans mon monde. Le mégalo des mots, dont les clips collectionnent les millions de clics sur la Toile, a réussi à l'imposer dans la bouche des ados des cités. Même ceux qui préfèrent l'ennemi juré Booba, c'est pour dire… **Variante :** dans ma bulle.

EN SCRED ....

> « Je suis un cachottier, ouaih,
> en scred, j'écris des textes barges »
> (GUIZMO, « LE FUGITIF 92 »)

La locution « en scred » (verlan de discret) signifie discrètement, en douce, en cachette, parfois même sous le manteau. **Variantes :** en falsch, en lousdé (verlan de « en douce », en oucedé, puis ajout de la lettre « l »), en lous.

ÊTRE EN CHIEN

« À force d'être en chien,
je vais finir chez le véto »
(SULTAN, « 4 ÉTOILES »)

À l'origine, c'est plutôt être en manque de sexe, comprenez « être grave en rut » un peu comme Médor et Brutus. Aujourd'hui, c'est plutôt manquer de quelque chose, de « clopes », de voiture, de logement… et, quand ce n'est pas spécifié, d'argent. Dans ce cas, l'expression prend le sens de « être dans la dèche ». **Variante:** être en galère.

ÊTRE KHAPTA

« Moi je reste là, je suis khapta,
je vais me rouler du cannabis »
(MISTER YOU, « DÉCALÉ ARBOUCHE »)

De l'arabe *khapta* (prononcez *rrrrapta*), ivresse, mot signifiant à la fois « soirée arrosée » et « défoncé », bourré. Si la fête est une beuverie agrémentée de substances illicites, le premier sens conduit tout naturellement au second. **Variantes:** être khabat (*rrrrabat*), être faya, être déter, être foncedé (défoncé en verlan), être fonscar.

fOOLEK

> « Il était une fois un foolek de Vitry,
> un mec qui s'en bat les couilles,
> ça je te le garantis »
> (ROHFF, « HUSS HARD KESS KI YA »)

Sans peur mais pas forcément sans reproches, le « foolek » (de l'anglais *fool*, fou) est un inconscient, un kamikaze qui ne recule devant rien, préférant souffler sur les braises plutôt que d'éteindre l'incendie. Le mot, venu tout droit du Val-de-Marne, doit sa notoriété au célèbre label de rap Foolek Empire, celui de… Rohff! Ses déclinaisons orthographiques sont multiples : foulec, foulek, fouleck… **Variantes** : botch, gueudin (verlan de dingue), fifou, barge, psycho, chtarbé, déglingo.

GANACHE

> « Ma ganache te reviendrait pas
> même si je portais l'habit des scouts »
> (SAKÉ, « BLEU BLANC ROUGE »)

De l'italien *ganascia*, qui veut dire mâchoire, « ganache » est synonyme de tête. **Variantes** : chiro, mouille, cramouille (tous trois d'origine tzigane), face, cheutron (verlan de tronche).

LOVÉS

> « Je voulais faire de mon père un roi,
> de ma mère une reine,
> leur construire une baraque au bled
> mais j'ai pas les lovés »
> (SEXION D'ASSAUT, « J'AI PAS LES LOVÉS »)

Dans les quartiers populaires où le taux de chômage des jeunes est deux fois plus élevé qu'ailleurs, il en manque fréquemment à la fin du mois. Les lovés, c'est l'argent. Synonyme de « thunes », ce mot, qui ne s'emploie qu'au pluriel, est d'origine tzigane.

Variantes : maille, biff (de biffeton, argot de billet), genar (argent en verlan), gengen (dérivé de argent), les eu ou les e (euros), moula (argent en argot américain), fraîche, fresh, caramel, lardo (verlan de dollar), caillasse, wari (argent en bambara), zéyo (verlan de oseille).

PARANOÏER

> « Il paranoïe, il voit partout
> des chapeaux de cow-boy »
> (SETH GUEKO, « TOTINO LA MAFIA »)

On connaissait la paranoïa. Avec les rappeurs, on découvre le verbe « paranoïer », qui signifie s'angoisser pour rien, stresser « à donf » jusqu'à délirer. **Variantes :** être en panique, être en sang, faire un *bad trip*, psychoter.

PARO

> « Faut jamais en faire trop
> car dans la rue y a des mecs paro »
> (KERY JAMES, « PARO »)

Mot fourre-tout librement adapté de parano, « paro » qualifie l'individu louche, imprévisible, dangereux, froid. L'expression « C'est paro » est la version « ghetto » de « C'est bizarre ». Et « être paro » signifie être énervé ou angoissé.

RAGEUX

> « Les rageux parlent,
> on appelle ça de la jalousie »
> (LA FOUINE, « JALOUSIE »)

À une époque, le « rageux » représentait exclusivement le rebelle de banlieue qui avait la « geura » (rage en verlan) parce que son quartier était laissé à l'abandon par les institutions. Avec le temps, c'est devenu aussi une insulte. Le rageux perd là son statut d'écorché vif pour rejoindre la caste des jaloux. Le terme est approuvé par les rappeurs roulant sur l'or : dans leurs chansons, ils en usent et abusent pour « mettre à l'amende » tous ceux qui dénigrent leur réussite. **Variante :** les haineux.

SCHLAG

> « Ce soir, je voulais Messi,
> j'ai eu ce schlag du FC Sochaux »
> (SINIK, « BATTLE SKYROCK »)

Outre-Rhin, ça signifie coup, raclée. Dans nos cités, il a pris le dessus sur bouffon et bolos, tous deux entrés dans le langage courant (au moins des jeunes). À l'origine, ce nom masculin désignait le toxicomane crade et louche qui vient s'approvisionner en drogue dans la cité et que les habitants en lutte contre le trafic dans les cages d'escaliers veulent virer à coups de « schlag » (là, dans le sens de trique). **Variantes :** geusch (verlan de « schlag », à ne pas confondre avec le « guesh », le Portugais de banlieue), cassos, chabert, bouletto.

SE PAVANER

> « Je me pavane avec des poils au torse
> à la David Hasselhoff »
> (OL'KAINRY & JANGO JACK, « SACHEZ-LE »)

Se faire plaisir, s'amuser, profiter de la « life ». Sous la houlette des rappeurs, le sens initial de ce verbe (marcher avec orgueil, parader comme un paon) a ainsi été détourné. **Variantes :** s'ambiancer, s'enjailler, chiller.

TAH

> « Je viens de l'Océan indien tah les gros pirates »
> (SULTAN, « BADABOUM »)

Mot de liaison multifonction puisé dans la langue arabe, « tah » peut tout à la fois se substituer à « comme, de, du, de par »…

> « Yougo, baisse d'un ton,
> monte le son si t'es en cellule »
> (LECK, « JE VAIS M'EN CHARGER »)

Inutile d'avoir du sang slave pour être gratifié de ce titre. Yougo, c'est l'équivalent de « mec ! », une personne qu'on interpelle en tout début de phrase, un mot privé d'article né sur les dalles de Vitry-sur-Seine sous la plume du rappeur qui monte, Leck (prononcez L.E.C.K.). Quand l'interlocuteur est une interlocutrice ou quand on veut chambrer son pote, c'est « youguette » qui triomphe.

ZERMI

> « Voir la famille au pays,
> ça fait chaud au cœur
> mais quand je vois la zermi,
> ça fait mal au cœur »
> (KENNEDY, « FLASHBACK 2 »)

Verlan de misère, la « zermi » signifie la galère, les petits tracas quotidiens de la cité, mais aussi la honte. Ainsi
« mettre la zermi » à quelqu'un, c'est l'humilier devant ses
potes ou simplement être meilleur que lui en « l'atomi-
sant », par exemple à un duel de foot sur console vidéo.
Variante : zer.

QUÍZZ : SAVEZ-VOUS PARLER LE « ZYVA » ?

•

Chez Carouf, c'est : **1.** Chez le voisin. **2.** À l'hôpital psychiatrique. **3.** À l'hypermarché du coin.

Réponse 3. Dérivé de la chaîne de magasins Carrefour, le mot étend son champ… de rayons pour désigner n'importe quelle grande surface.

Un « narvalo », c'est : **1.** Un taré. **2.** Une licorne des mers qui « squatte » les halls d'immeubles. **3.** Un narguilé alimenté en herbes illégales.

Réponse 1. Il s'agit d'un mot d'origine tzigane.

Les « leurleurs », ce sont : **1.** Des pièges à répétition. **2.** Les contrôleurs dans les transports publics. **3.** Des retardataires.

Réponse 2. On les appelle aussi les « leurs » ou les « casquettes ».

« C'est patchak » signifie : **1.** C'est génial. **2.** C'est pas de bol. **3.** C'est nul.

Réponse 3. Attention, l'expression n'est comprise que dans les cités de Toulouse et ses environs.

Dans la collection **Le petit livre**,
vous trouverez également **les thématiques**
suivantes :

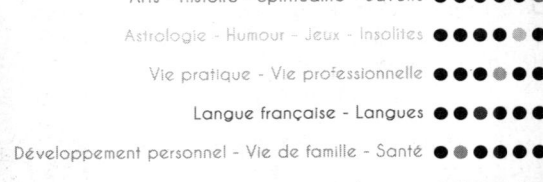

Cuisine – Diététique ●●●●●●

Arts - Histoire - Spiritualité - Savoirs ●●●●●●

Astrologie - Humour - Jeux - Insolites ●●●●●○

Vie pratique - Vie professionnelle ●●●●●●

Langue française - Langues ●●●●●●

Développement personnel - Vie de famille - Santé ●●●●●●

Jeunesse ●●●●●●

Pour consulter notre catalogue et
découvrir les dernières nouveautés,

rendez-vous sur **www.editionsfirst.fr** !